수학 두뇌 계발 게임 MATHS QUEST

미스터리 박물관 사건

MATHS QUEST : THE MUSEUM OF MYSTERIES
Copyright © QED Publishing 2011

All rights reserved.
Korean translation copyright © 2014 by RH Korea Co., Ltd.
Korean translation rights arranged with QED Publishing, a Quarto Group company through EYA(Eric Yang Agency).

이 책의 한국어 판 저작권은 EYA(에릭양 에이전시)를 통해 QED Publishing과 독점계약한
'(주)알에이치코리아'에 있습니다. 저작권법에 의하여 한국 내에서 보호를 받는 저작물이므로
무단전재와 복제를 금합니다.

미스터리 박물관에 들어가기 전에

미스터리 박물관에 들어갈 준비가 되었나요? 사실 박물관에 들어갔다가 어떻게 될지는 아무도 모른답니다. 수많은 우여곡절을 겪으며 흥미진진한 사건과 퍼즐을 해결해야 하거든요. 하지만 사건 해결하는 것과 퍼즐 푸는 것을 즐긴다면 아무 문제없을 거예요!

이 책은 다른 책과 좀 달라요. 1쪽, 2쪽, 3쪽의 쪽수 차례대로 읽는 책이 아니거든요. 이야기가 지시하는 대로 앞으로 뒤로 왔다 갔다 하면서 읽어야 해요. 때로 길을 잃을지도 몰라요. 그러나 이야기는 곧 가야 할 곳으로 안내할 거예요.

이야기는 6쪽부터 시작해요. 책을 펼치면 곧바로 해결해야 하는 문제가 나오고, 이 책을 펼친 여러분은 문제의 해결 방법을 선택해야 하지요. 선택 방법은 다음과 같아요.

정답이 A라면 10쪽으로 가세요.   정답이 B라면 18쪽으로 가세요.

여러분이 할 일은 각 문제를 해결하고 바르게 선택하는 거랍니다. 정답이 A라고 생각한다면 10쪽으로 가서 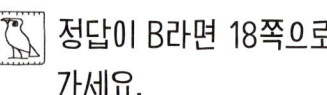 모양을 찾아요. 그럼 그곳에서 다음으로 이어지는 이야기와 사건 해결의 단서, 문제를 만날 수 있을 거예요. 하지만 잘못 선택하면 어떻게 될까요?

걱정 마세요! 책은 여러분이 어느 부분에서 잘못했는지를 설명해 주고, 다시 해결할 수 있는 곳을 알려 줄 테니까요.

미스터리 박물관 곳곳에 숨어 있는 문제는 모두 수에 관한 것이에요. 문제를 풀기 위해 수의 규칙을 찾고, 인수와 소수를 배우고, 자릿값을 이해하고, 여러 가지 수의 특징을 이해해야 하지요.

박물관을 돌아다니면서 여러분은 문제를 풀 수 있는 중요한 단서를 찾아낼 수 있을 거예요. 찾아낸 단서나 물건은 꼭 기록해 놓으세요. 그래야 필요할 때 쓸 수 있어요!

책 뒷부분에는 사건 해결에 필요했던 문제 해결의 실마리 정보가 가나다 순으로 정리되어 있답니다.

자, 이제 미스터리 박물관에 들어가 볼까요? 그럼 다음 쪽을 펼쳐서 사건을 해결해 봅시다!

방 창문을 열어 놓고 잠든 당신은 누군가 잘 안 쓰는 우편함을 끼익 열어 편지 넣는 소리를 듣고 잠에서 깨어났어요. 아직 한밤중이었지요. 당신은 꿈결에 잘못 들었나 싶었지만, 자꾸 신경이 쓰여 잠이 오지 않자 우편함을 들여다봤어요. 거기에는 다음과 같은 내용의 편지가 들어 있었지요.

도둑이 미스터리 박물관에서 고대 보물을 훔치려고 해요. 빨리 와 주세요. 시간이 없어요!

의심스러운 편지였지만, 궁금함을 떨치지 못한 당신은 미스터리 박물관으로 갔어요. 그런데 박물관에 들어가자마자 박물관 문이 철커덩 하고 닫히지 뭐예요! 게다가 누군가 가까이에 숨어서 당신을 지켜보고 있는 느낌이에요. 하지만 정체가 무엇일지는 감이 잡히지 않는군요.

편지대로라면 당신은 고대 보물을 도둑맞기 전에 찾아야 해요. 그러려면 신비한 물건을 모아 단서를 찾아야 하지요. 으스스한 밤, 미스터리 박물관 사건을 해결하려면 담력이 필요할 것 같군요.

 도전할 준비가 되었다면 44쪽으로 가세요.

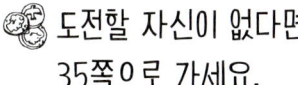 도전할 자신이 없다면 35쪽으로 가세요.

3구역에 도착하니 커다란 나무 원탁이 초록색과 빨간색으로 칠해져 있고 그 둘레에 각각 다른 모양의 나무 의자가 놓여 있었어요. 원탁에 놓인 의자 뒤에는 숫자가 쓰여 있었지요. 이 숫자에도 의미가 있을 텐데 그 단서가 보이지 않는군요. 당신은 단서를 찾기 위해 원탁 주변을 꼼꼼히 조사하기 시작했어요. 원탁 아래에 붙어 있는 건 없는지, 원탁에 놓인 의자 밑이나 옆에 있는 물건은 없는지를 샅샅이 뒤졌지요. 그러다 네 번째로 꺼낸 의자의 등받이 사이에 끼워져 있는 양피지 한 장을 찾아냈어요.

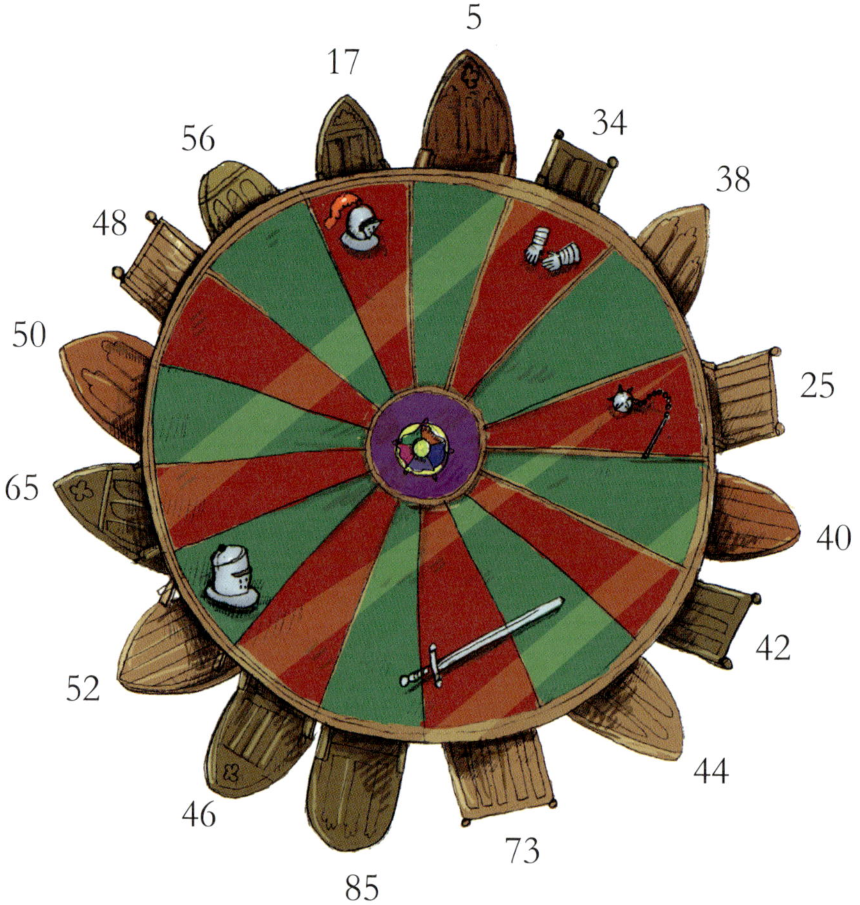

> 필요한 수는 짝수라오.
> 그것은 5의 배수이고, 100의 인수이니
> 그 수가 있는 곳의 탁자 밑을 보게나.
> 정확한 곳을 선택해야 할 걸세.
> 틀리면 위험에 처하리니.

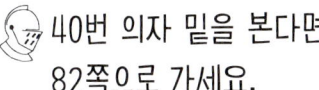 40번 의자 밑을 본다면 82쪽으로 가세요.

 50번 의자 밑을 본다면 42쪽으로 가세요.

틀렸어요! 7615는 주어진 구슬 네 개의 숫자로 만들 수 있는 가장 큰 수가 아니에요.

가장 큰 수를 만들려면 수의 자릿값에서 왼쪽에 있는 수가 가장 크고, 오른쪽에 있는 수가 가장 작아야 해요. 선택해야 할 두 수는 '칠천육백'까지는 같아요. 그 다음으로 와야 하는 십의 자리의 수가 일의 자리의 수보다 더 큰 것이어야 하지요. 남은 두 수 중 십의 자리의 수로 놓기에 더 큰 수는 무엇일까요?

 68쪽으로 가세요.

나무 상자 쪽으로 다가가서 뚜껑을 열어 보려고 했지만, 상자는 자물쇠로 굳게 잠겨 있었어요. 상자의 한쪽 면에는 숫자가 새겨진 신비로운 정사각형이 있었지요. 당신은 상자를 열 열쇠를 찾기 위해 상자 주변을 좀 더 살펴보다가 상자 뒤쪽에서 파피루스를 찾아냈어요. 파피루스에는 다음과 같은 글이 쓰여 있었지요.

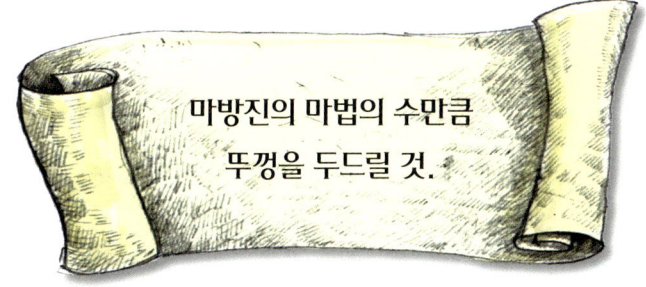

마방진의 마법의 수만큼
뚜껑을 두드릴 것.

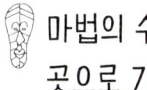 마법의 수가 쪽수인 곳으로 가세요.

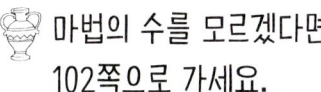 마법의 수를 모르겠다면 102쪽으로 가세요.

 당신은 활에 화살을 메기고 용을 겨냥했어요. 그러나 용은 전혀 무서워하지 않아요. 당신이 힘껏 화살을 날렸지만, 화살은 용의 몸에 맞고 힘없이 튕겨 나왔지요. 용의 단단한 비늘을 뚫기에는 너무 약한 화살이군요.

화살을 잘못 골랐어요! 두 개 이상의 자연수의 공통인 배수를 공배수라고 해요. 20은 2와 5의 배수이지만, 3의 배수는 아니에요. 너무 늦기 전에 빨리 다른 화살을 골라 용을 무찔러야 해요.

34쪽으로 가세요.

 당신은 A 도끼를 꺼내어 손에 쥐었어요. 조금 뒤 도끼의 손잡이가 흔들리더니 갑자기 도끼가 손에서 휙 빠져나가 제멋대로 날아다니지 뭐예요! 위협적인 휙휙 소리를 내며 사방팔방으로 날던 도끼는 당신의 머리 위로 살짝 비껴가 벽에 깊숙이 꽂혔지요.

가장 무거운 도끼는 이 도끼가 아니군요!

왼쪽에 있는 수의 자릿값이 가장 커요. 아래의 표는 4999가 5001보다 백의 자리의 숫자, 십의 자리의 숫자, 일의 자리의 숫자는 더 크지만, 천의 자리의 숫자는 5001이 더 크기 때문에, 5001이 4999보다 더 큰 수라는 것을 보여 줘요.

천의 자리	백의 자리	십의 자리	일의 자리
4	9	9	9
5	0	0	1

 87쪽으로 가세요.

13 구역에는 커다란 탁자가 놓여 있고 거기에 나무를 깎아서 만든 상자가 10개 있었어요. 상자 뚜껑에는 각각 로마 숫자가 하나씩 쓰여 있는데, 차례대로 놓여 있지 않고, 마구 뒤섞여 있었지요. 찬찬히 상자와 탁자를 살피던 당신은 탁자 끄트머리에 누군가 써 놓은 글을 발견했어요.

단서는 6이 적힌 상자.
뚜껑을 열 때 숨어 있는 것을
조심할 것.

Ⅳ 상자 뚜껑을 연다면 86쪽으로 가세요.

Ⅵ 상자 뚜껑을 연다면 92쪽으로 가세요.

 마법의 수를 알아냈군요! 마방진은 가로줄, 세로줄, 대각선에 있는 수의 합이 항상 같고, 그 합이 바로 '마법의 수'예요. 이 정사각형의 마법의 수는 15이지요.

당신이 상자의 뚜껑을 15번 두드리자 자물쇠가 철컥 하고 열렸어요. 상자를 열고 안을 들여다보니 이상한 글이 쓰인 점토판이 들어 있었지요. 그런데 어떤 글인지 알아보지 못하겠어요. 그래도 당신은 중요한 것이라는 생각에 점토판을 가방에 넣었어요. 잠깐! 상자 안쪽 바닥에 무언가 쓰여 있어요!

왔던 길을 되짚어 시작 지점으로 갈 것.
아직 로마 열쇠를 찾지 못했으니
그곳에서 규칙을 찾을 것.

 59쪽으로 가세요.

 중세 갑옷을 갖춰 입고 검을 든 기사가 길을 막고 서 있어요. 중세 기사는 무서워 보이지만 그저 모형일 뿐이에요. 살아 움직이거나 공격하지 않을 테니 무서워할 필요가 없지요. 그렇지 않나요?

중세의 기사 위쪽 벽에는 다양한 방패가 진열되어 있어요. 40개도 넘는 것 같군요. 그중 가장 위쪽 첫 번째 방패에는 중세의 아름다운 필기체 글자가 쓰여 있어요. 자세히 보니 다음과 같은 내용이었지요.

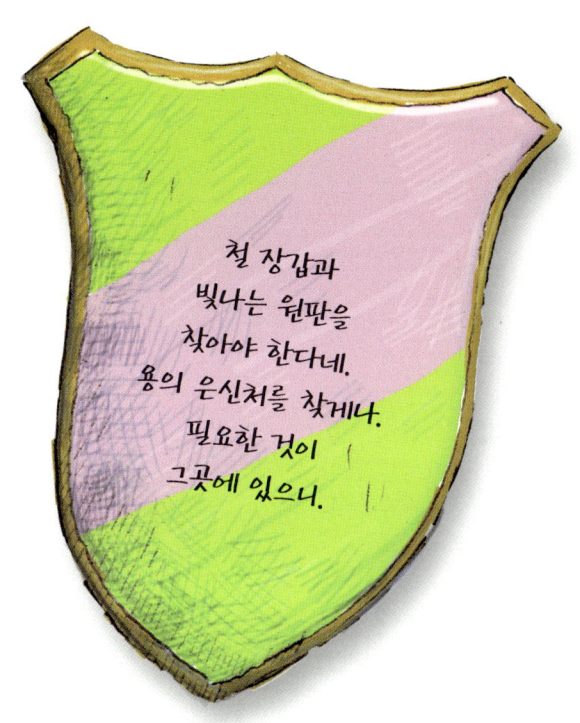

철 장갑과
빛나는 원판을
찾아야 한다네.
용의 은신처를 찾게나.
필요한 것이
그곳에 있으니.

 91쪽으로 가세요.

당신은 돌판에 새겨진 1부터 10까지의 숫자에 손가락을 대고 어떤 것을 누를지 고심하다가 9를 눌렀어요. 그런데 한참을 기다려도 아무 일도 일어나지 않는 거예요. 소득 없이 막 돌아가려고 뒤돌아섰을 때, 뒤에서 '야옹' 하는 큰 소리가 들렸지요. 당신은 그 소리가 왠지 다시 생각해 보는 것이 좋을 것 같다는 말로 들렸어요.

도형의 변이 문제를 해결할 열쇠예요. 삼각형은 변이 3개, 사각형은 변이 4개이지요. 따라서 삼각형+사각형=3+4=7이 되는군요. 육각형은 변이 6개이므로 사각형+육각형=4+6=10이지요.

그렇다면 오각형은 변이 몇 개일까요? 3+5는 얼마일까요?

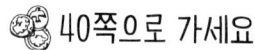 40쪽으로 가세요.

 당신은 3 구역 원탁 밑에서 찾아낸 철 장갑을 가방에서 꺼내어 손에 끼었어요. 이제 공을 옮겨 틈을 넓힌 다음 앞으로 갈 수 있지요. 당신은 장애물을 넘어 피타골푸스를 따라갔어요.

 105쪽으로 가세요.

 당신은 그물을 더 가까이에서 보려고 배 쪽으로 다가섰어요. 누군가 그물 뒤쪽에 있는 배 표면에 숫자를 써 놓았어요. 그런데 우연인지 아닌지 그물의 구멍을 통해 숫자가 보였어요. 어떤 규칙에 따라 수를 써 놓은 것 같아요. 어떤 부분에는 숫자가 지워졌는지 비어 있어요. 빈 곳의 수는 뭘까요? 어! 그물에 돌돌 말린 편지가 꽂혀 있어요. 동그랗게 말려 있는 편지를 쫙 펼쳤더니 다음과 같은 내용이 적혀 있어요.

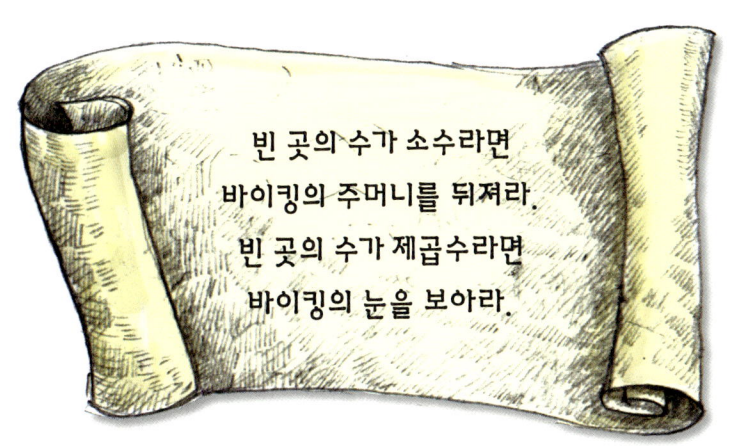

빈 곳의 수가 소수라면
바이킹의 주머니를 뒤져라.
빈 곳의 수가 제곱수라면
바이킹의 눈을 보아라.

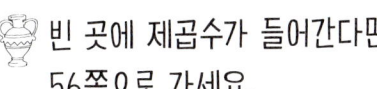

빈 곳에 소수가 들어간다면 104쪽으로 가세요.

빈 곳에 제곱수가 들어간다면 56쪽으로 가세요.

 정답이에요! 목걸이는 총 242개의 구슬로 만들었어요. 단서에서는 그 숫자를 모두 더하라고 했지요. 2+4+2=8. 당신이 가야할 곳은 바로 '검'이 있는 8 구역이군요.

8 구역에 도착하니 먼지가 쌓인 보관장에 검이 세 자루 들어 있었어요. 검 밑에는 그 검이 만들어진 시기가 쓰여 있었지요. 그리고 누군가 보관장의 뽀얀 먼지에 손가락으로 메시지를 적어 남겨 놓았네요.

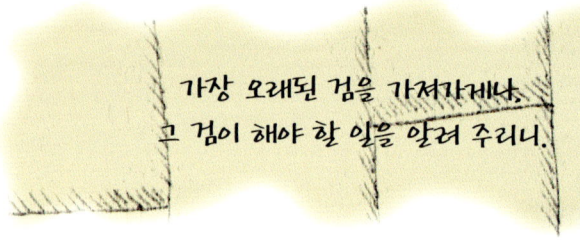

가장 오래된 검을 가져가시나. 그 검이 해야 할 일을 알려 주리니.

 검 A를 선택한다면 61쪽으로 가세요.

 검 B를 선택한다면 31쪽으로 가세요.

 검 C를 선택한다면 61쪽으로 가세요.

모자이크를 제대로 골랐군요! 당신이 모자이크에 발을 디딘 순간, 아주 묵직하고 오래된 기계의 우르릉거리는 소리와 끼익하는 소리가 울려 퍼졌어요. 그러더니 바닥의 모자이크가 위로 쑤욱 올라가다가 어느 지점에서 딱 멈추었지요. 당신 눈높이에 있는 벽에는 돌판이 걸려 있었어요.

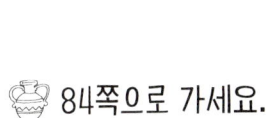 84쪽으로 가세요.

신비한 기운을 내뿜는 오묘하게 생긴 뿔피리를 구석구석 살피던 당신은 뿔피리의 나팔 부분에 새겨진 글귀를 발견했어요.

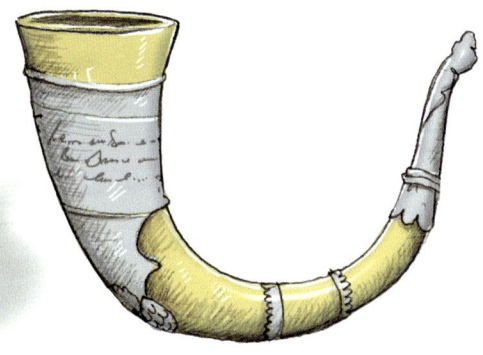

안내에 따라 피리를 불어라.
딱 3의 제곱 만큼이어야 한다.

 뿔피리를 6번 분다면 116쪽으로 가세요.

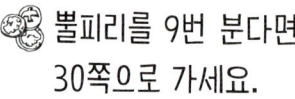 뿔피리를 9번 분다면 30쪽으로 가세요.

그리스 로마관은 어둡고 음산하군요. 진열장 안의 빨간 불빛이 뭔가 어둠 속에 숨어 있다 튀어나올 것 같은 분위기를 풍겨요. 당신은 진열장에 있는 두 개의 항아리에 시선이 멈추었어요. 항아리 앞에는 24, 25라고 숫자가 쓰인 종이가 놓여 있고, 진열장 유리에는 다음과 같은 내용의 쪽지가 붙어 있었어요.

> 항아리를 하나 선택할 것.
> 5×5가 단서.
> 신중히 선택할 것.
> 틀린다면 여기서 끝!

 24번 항아리라면 67쪽으로 가세요.

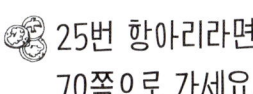 25번 항아리라면 70쪽으로 가세요.

 방패를 잘못 골랐군요! 마네킹 바이킹 전사가 살아서 움직이며 당신에게 위협적으로 도끼를 휘둘러요. 당신은 재빨리 다른 마네킹 바이킹 전사가 들고 있던 방패로 공격을 막아 냈지요. 당신과 전사가 힘껏 맞부딪치자 바이킹 전사는 먼지를 일으키며 산산이 부서졌어요.

소수점 바로 뒤의 숫자는 '10분의 1의 자리의 수'예요. 소수 0.6은 10분의 6 또는 $\frac{6}{10}$을 뜻해요. 둥근 방패는 같은 넓이로 10칸으로 나누어져 있고, 그 중 6칸이 빨간색인 방패를 찾아야 하지요. 그건 어떤 방패일까요?

 80쪽으로 가세요.

% 계산이라는 것에 겁먹지 않고 잘 해냈어요! 당신은 나무 의자를 찾기 위해 배 여기저기를 꼼꼼하게 둘러보았지요. 나무 의자는 배의 키 손잡이 옆에 있었어요. 그것은 바이킹 추장이 일당들과 함께 항해할 때 앉았던 의자인 것 같아요.

의자를 찬찬히 살피다 보니 밑에 뭔가 있다는 걸 알아챘어요. 의자를 뒤집어서 확인하니 무엇인가를 못으로 박아 고정시켜 놓았지요. 못에 박혀 있던 걸 떼어 내어 먼지를 닦아 내니 그것은 금으로 된 펜던트였어요. 펜던트는 아마 추장이 행운을 빌며 달았던 귀중한 부적이었을 거예요.

107쪽으로 가세요.

통로 끝에서 두 개의 문이 있는 벽이 나타났어요. 문 가운데에는 각 문의 안내문이 붙어 있었지요. 13 구역 두루마리의 다음 지시 사항은 '사실을 찾을 것'이에요. 당신은 더 가까이 다가가서 문에 쓰인 안내문을 살펴봤어요.

 A 문의 글이 사실이라면 71쪽으로 가세요.

 B 문의 글이 사실이라면 58쪽으로 가세요.

A: 짝수를 반으로 나눈 답은 항상 홀수.

B: 홀수를 두 배한 답은 항상 짝수.

다시 작은 문의 철 손잡이를 쥐자 딱 붙어 있던 손잡이가 움직였어요. 당신은 손잡이를 7번 돌린 후 잡아당겼지요. 정답이에요! 문이 활짝 열렸어요.

그 안에는 금으로 만든 동그란 거울이 있어요. 아! 이것이 바로 중세관의 첫 번째 방패에 쓰여 있던 '빛나는 원판'이군요! 공주에게 어울릴 만한 거울이네요. 당신은 거울을 가방에 집어넣었어요.

거울 아래쪽에는 낡은 종이가 끼워져 있었어요. 거기에는 서사시의 한 구절 같은 내용이 적혀 있었지요.

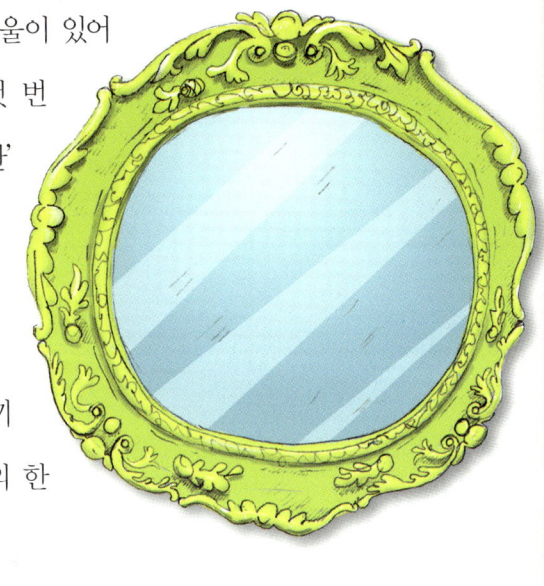

당신은 빛나는 원판을 발견했다네.
귀중한 시간을 낭비하지 말게나.
기사들이 둘러앉은 곳으로 가면
필요한 장갑을 찾을 수 있을 걸세.

기사들이 둘러앉아 있는 곳은 어디일까요? 아하! 원탁이겠군요. 당신은 용의 은신처 동굴에서 '원탁'이 있는 3구역으로 황급히 달려갔어요.

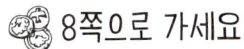 8쪽으로 가세요.

뿔피리를 분 횟수가 정확해요! 마치 뿔피리 소리에 화답이라도 하듯이 늑대의 머리를 조각해 놓은 배 맨 앞부분에서 석유램프 불빛이 깜박거렸어요. 당신은 더 가까이에서 보려고 앞쪽으로 올라갔지요.

 108쪽으로 가세요.

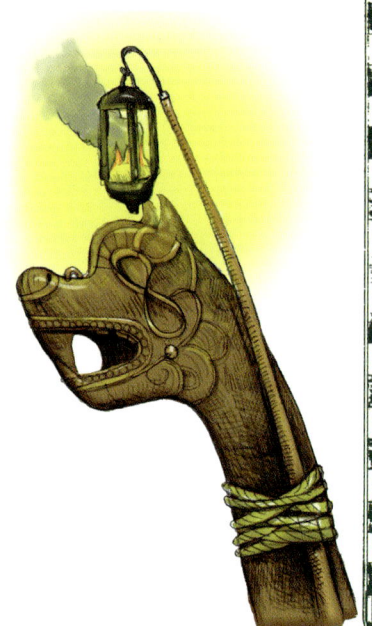

 당신이 검을 잡으려고 손을 뻗은 순간, 그 검이 당신의 손으로 날아왔어요. 바로 이 검이 가장 오래된 검이었군요! 당신은 검을 세워 놓았던 보관장 안쪽에서 가지런히 접혀 있는 천을 발견했어요. 그리고 천에 수놓인 글귀를 봤지요.

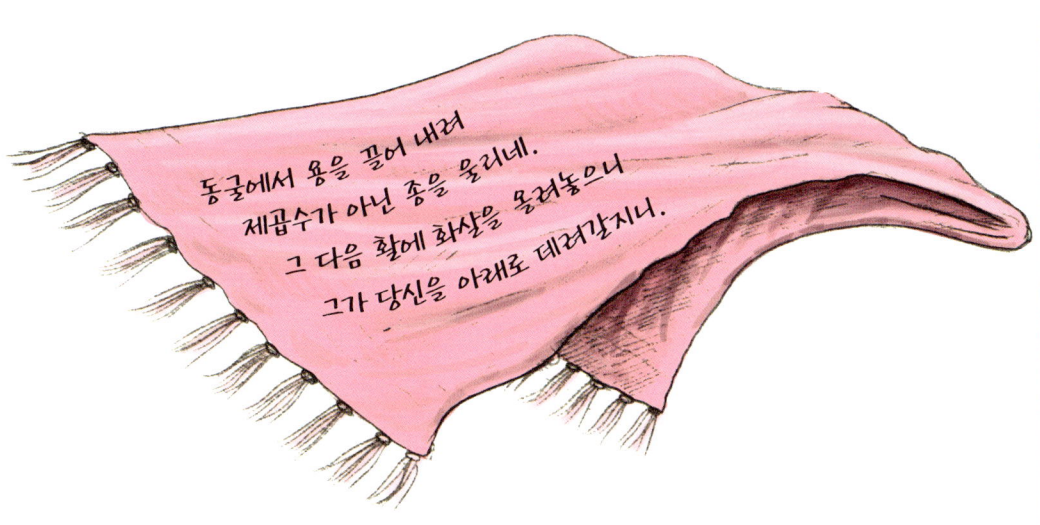

동굴에서 용을 끌어 내려
제곱수가 아닌 종을 울리네.
그 다음 활에 화살을 올려놓으니
그가 당신을 아래로 데려갈지니.

당신은 이제 종을 울려야 해요. '종'이라는 말에 지도에서 본 '교회 종'이 있는 2 구역이 떠올랐어요. 당신은 그대로 검을 쥔 채 2 구역으로 향했지요.

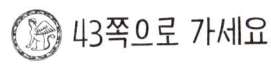 43쪽으로 가세요.

방패를 잘 찾았군요! 걸려 있던 방패를 조심스레 내려 관찰하던 당신은 방패 뒤쪽에 접혀 있는 종이를 찾았어요. 중세관의 지도예요.

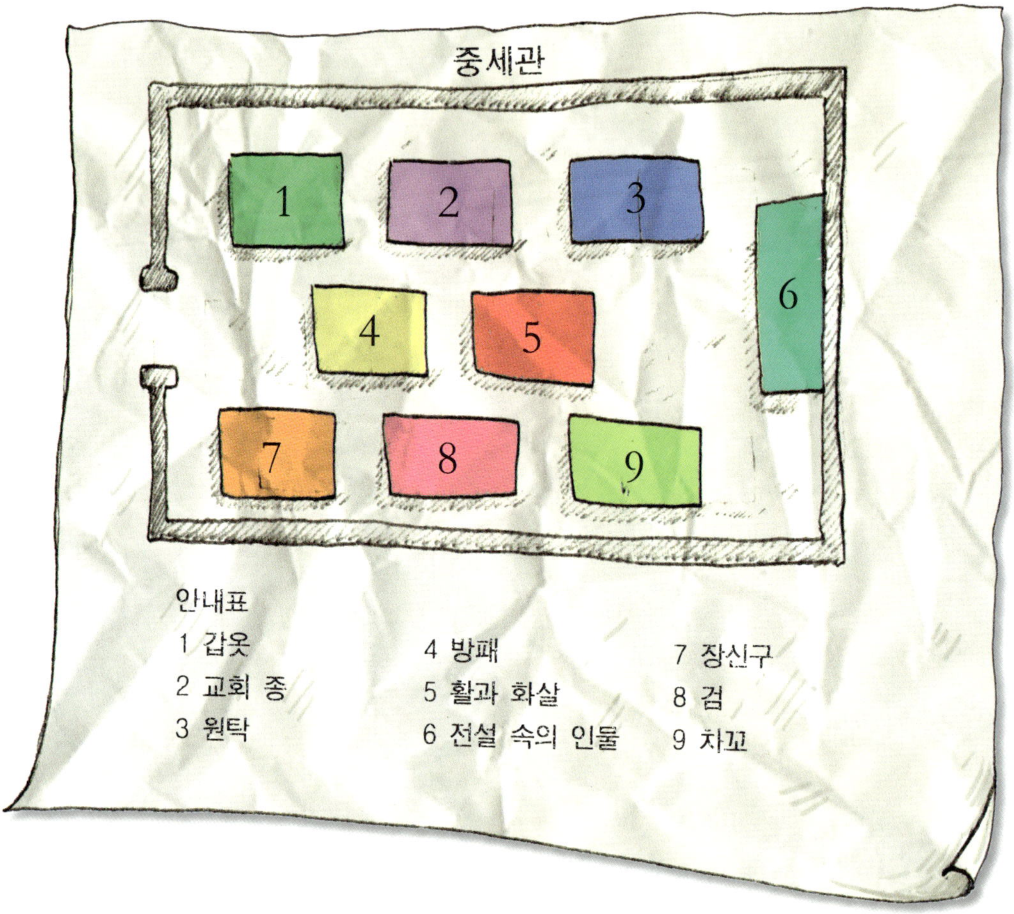

중세관

1	2	3
4	5	6
7	8	9

안내표
1 갑옷
2 교회 종
3 원탁
4 방패
5 활과 화살
6 전설 속의 인물
7 장신구
8 검
9 차꼬

그런데 첫 번째 방패에 쓰여 있던 '용의 은신처'는 어디일까요? 지도에는 '용'이라는 말이나 표시는 보이지 않아요. 당신은 더 자세히 보려고 지도를 들어 올렸어요. 그러자 지도 뒤에 쓰인 글자가 비쳐 보였지요. 당신은 얼른 지도를 뒤집어 보았어요. 오! 지도 뒤에 또 다른 단서가 있었어요.

용의 은신처를 찾으려면
지도에서 가장 큰 소수가 쓰인 곳으로 가야 하리니.

7 구역으로 간다면
62쪽으로 가세요.

9 구역으로 간다면
113쪽으로 가세요.

 지도대로라면 5 구역에 활과 화살이 있을 거예요. 5 구역에 갔더니 커다란 과녁에 화살 한 대와 쪽지가 꽂혀 있었어요. 내용은 아래와 같아요.

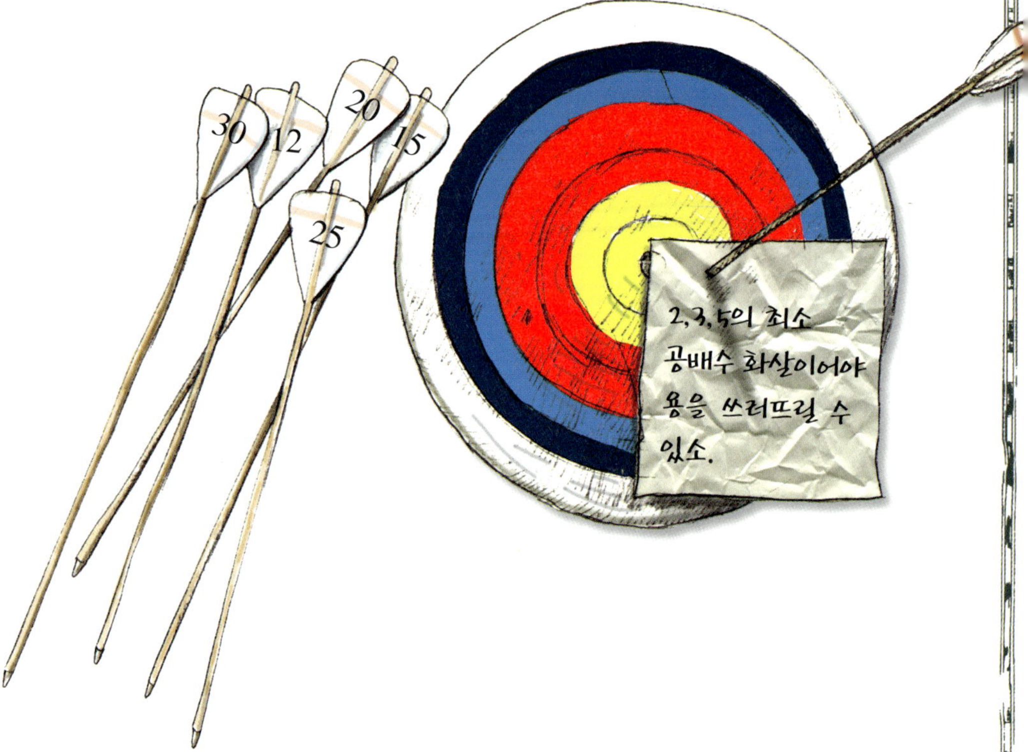

2, 3, 5의 최소공배수 화살이어야 용을 쓰러뜨릴 수 있소.

그러고 보니 각각의 화살에는 번호가 붙어 있어요. 어떤 화살을 사용해야 할까요?

 20번 화살을 사용할 거라면 12쪽으로 가세요.

 30번 화살을 사용할 거라면 114쪽으로 가세요.

두려워하지 마세요. 꽤 험난한 모험이 될 수도 있지만 도움의 손길이 가까이에 있으니까요. 당신이 길을 잃으면 신비로운 친구가 당신을 안내할 거예요. 또 당신의 수학 지식으로 단서를 찾아 지시대로 따라가기만 하면 사건을 해결할 수 있을 테고요.

이제 미스터리 박물관 입구에 있는 중앙홀로 가세요. 행운을 빌어요!

44쪽으로 가세요.

솥에 쓰인 다른 단서는 무덤에 대한 이야기였어요. 당신은 무덤을 찾기 위해 주변을 둘러보았지요. 앗! 저기에 무덤이 있어요! 바이킹 배 옆에 실제 크기의 바이킹의 무덤 모형이 있어요. 관람객이 모형 무덤 안으로 직접 들어가 바이킹 보물이 어떻게 발견되었는지를 볼 수 있게 해 놓은 듯해요. 당신은 무덤 입구로 걸어갔어요. 하지만 또 다른 함정일지도 모르기 때문에 불안한 마음도 있지요. 바로 그때 생각을 읽기라도 했는지 어디선가 따뜻하게 마음을 감싸 주는 '야옹' 소리가 들렸어요. 당신은 머릿속이 맑아지면서 자신감이 생겼지요.

구슬로 만든 수를 반올림하여
백의 자리까지 나타내라.
반올림한 수의 손잡이를 들어 올려라.

7700   7600

무덤의 입구에는 나무 문이 두 개 있었어요. 문에는 손잡이가 달려 있고 그 위에 지시 사항이 적힌 표지판이 붙어 있었지요. 당신은 표지판의 내용을 읽었어요.

7700이라고 쓰인 손잡이를 들어 올린다면 52쪽으로 가세요.

7600이라고 쓰인 손잡이를 들어 올린다면 112쪽으로 가세요.

 맞았어요! 돌판이 옆으로 밀려 열리자 뒤에 있는 구멍이 나타났어요. 그 구멍 속에 로마 열쇠가 있군요. 철문을 열 때 필요한 열쇠예요. 당신은 가방에 열쇠를 넣고, 모자이크에서 뛰어내렸어요. 미스터리 박물관의 다른 전시관으로 가기 위해 입구에 있는 중앙홀 쪽으로 쏜살같이 달려갔어요.

44쪽으로 가세요.

오, 이런! 당신은 모자이크를 잘못 골랐어요. 모자이크의 정사각형은 모두 16개이고, 그중 7개가 흰색이에요. 16개 중에서 7개는 반보다 적지요. 모자이크가 발밑에서 소리도 없이 바스러졌어요. 당신은 바닥이 보이지 않는 구덩이로 떨어졌고, 그 순간 눈 앞에 길게 늘어져 있는 커튼의 끝을 붙잡았어요. 죽을힘을 다해 천천히 구멍에서 기어 나오자 모자이크 조각이 다시 제자리로 돌아왔지요.

 96쪽으로 가세요.

20 구역은 고대 그리스 수학 전시관이었어요. 고대 그리스에서는 과학적 수학이 형성되었지요. 그리스 철학자로 자연과학과 철학에 뿌리를 두고 논리적으로 생각한 수학자 탈레스부터 우리가 잘 알고 있는 유명한 수학자 마네킹이 많았어요. '피타고라스의 정리'로 유명한 피타고라스, 플라톤, 아르키메데스 등 철학자인 줄만 알았던 사람들의 수학 이야기가 전시되어 있었지요. 이런 것들 사이에서 돌판이 유난히 당신 눈에 띄었지요.

돌판에는 여러 가지 모양, 글자, 숫자가 새겨져 있군요. 그 밑에는 암호처럼 보이는 내용이 적힌 종이가 놓여 있었지요. 내용은 다음과 같아요.

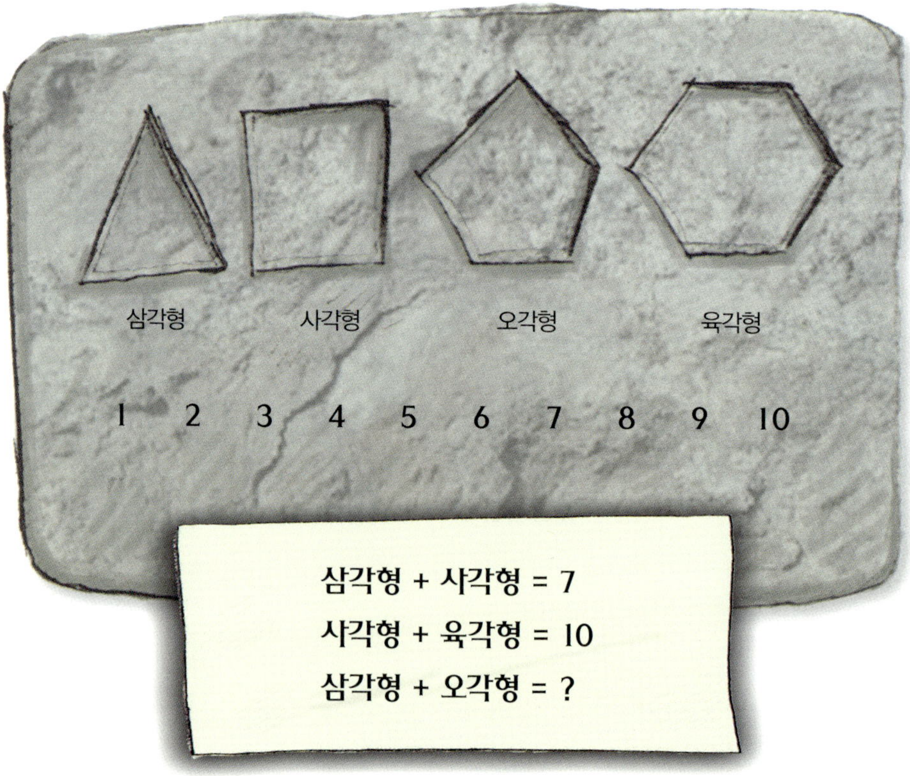

삼각형　　사각형　　오각형　　육각형

1　2　3　4　5　6　7　8　9　10

삼각형 + 사각형 = 7
사각형 + 육각형 = 10
삼각형 + 오각형 = ?

당신은 물음표에 들어갈 수를 찾아야겠다고 생각했어요. 위에 쓰인 두 식이 수의 규칙을 알려 주는 단서이겠지요.

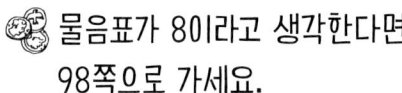 물음표가 80이라고 생각한다면 98쪽으로 가세요.

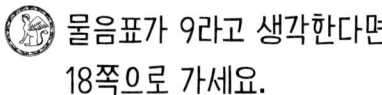 물음표가 9라고 생각한다면 18쪽으로 가세요.

당신은 50번 의자가 있는 탁자 밑으로 기어들어 갔어요. 가는 쇠사슬을 엮어서 만든 장갑 한 켤레가 바닥에 놓여 있었지요. 이게 중세관 첫 번째 방패에 쓰여 있던 '철 장갑'이군요! 당신의 선택은 옳았어요.

당신은 장갑을 가방에 넣었어요. 그때 탁자 반대편에 있는 사나운 사냥개의 뒷모습이 보였어요. 당신은 사냥개가 당신을 발견하기 전에 재빨리 탁자 밑에서 나왔어요.

이제 필요한 물건을 모두 찾았어요. 박물관의 다른 전시관으로 가기 위해 최대한 빨리 입구의 중앙홀로 가야 해요.

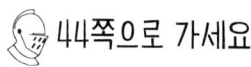 44쪽으로 가세요.

2 구역에는 중세의 교회 종이 한 줄로 늘어서 있었어요. 이 여러 개의 종 가운데 어떤 종을 울려야 할까요? 당신은 종에 새겨진 수를 보고 천에 쓰인 단서를 생각해 냈어요. '제곱수가 아닌 종'을 울리라고 했지요. 제곱수가 아닌 수가 새겨진 종은 어느 것일까요?

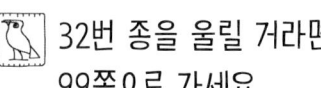 32번 종을 울릴 거라면 99쪽으로 가세요.

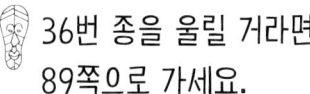 36번 종을 울릴 거라면 89쪽으로 가세요.

43

당신은 미스터리 박물관 출입구의 중앙홀에 서 있어요. 네 개의 통로가 서로 다른 방향으로 이어져 있군요. 당신은 어느 쪽으로 가야 할까요?
어? 고대 보물관으로 가는 통로에 진흙 발자국이 있군요. 당신은 손전등을 켜고 살펴봤어요. 도둑들이 지나간 흔적이 여기저기에 있어요!
당신은 미스터리 박물관의 어디부터 가 볼 건가요?

그리스 로마관

그리스 로마관으로 가려면 66쪽으로 가세요.

중세관

중세관으로 가려면 75쪽으로 가세요.

 당신은 바이킹관에 왔을 때 멀리서도 보였던 커다란 바이킹 배에 올라탔어요. 여기저기 늘어져 있는 밧줄 가운데 하나에 찢어진 종이 한 장이 꽂힌 채 펄럭이고 있어요. 무엇인지 궁금한 당신은 그 종이를 빼내어 들여다봤어요. 거기엔 다음 지시 사항이 쓰여 있었어요!

> 도끼로 밧줄을 자르라.
> 1, 2, 3, 4, 6의 공배수인 밧줄이다.

밧줄은 모두 20개입니다. 어떤 밧줄을 잘라야 할까요?

- 12번 밧줄을 자른다면 85쪽으로 가세요.
- 18번 밧줄을 자른다면 111쪽으로 가세요.

 당신은 가방에서 바이킹 추장의 부적을 꺼냈어요. 부적 뒷면에 발견자의 메모가 있군요.

서기 879년경, 동앵글리아에서 발견.

번호 자물쇠에 숫자 879를 입력하니 문이 열렸어요.

118쪽으로 가세요.

맞았어요! 당신은 늑대의 이빨을 10번 두드렸어요. 그랬더니 그게 신호였던 것처럼 늑대의 눈이 붉은색으로 밝게 빛났지요. 그리고 곧바로 레이저 광선처럼 두 눈에서 빛이 나와 저 멀리에 있는 물체를 비추었어요. 마녀의 가마솥처럼 보이는 거대한 쇠솥이에요. 당신은 바이킹 배에서 내려와 그 솥 쪽으로 걸어갔어요.

 68쪽으로 가세요.

하나밖에 없는 눈앞의 통로가 뾰족한 쇠가 마구 박힌 공 더미로 막혀 있어요. 아무도 따라오지 못하게 하려고 도둑이 쌓아 놓았나 봐요. 더 이상 나아갈 수가 없군요. 이대로 포기해야 할까요?

미스터리 박물관 고양이 피타골푸스가 무시무시한 공 더미 앞에서 따라오라는 듯 야옹거리고 있어요. 길을 안내하려나 봐요! 고양이는 쌓여 있는 공 더미로 뛰어올라가 틈이 있다는 것을 알려 줬어요. 하지만 그 틈은 고양이나 통과할 수 있을 정도여서 당신은 따라갈 수 없겠군요.

틈을 넓히려고 해도 공에 박힌 뾰족한 쇠는 너무 날카로워요. 맨손으로 옮기다가는 부상을 입을 수도 있어요. 주저하는 당신을 보고 고양이 피타골푸스가 땅바닥을 앞발로 긁었어요. 거기에서 당신은 해결 방법을 알아냈지요. 땅바닥에서 이런 메모를 발견했거든요.

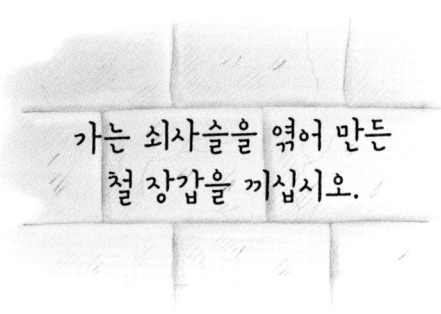

맞아요, 중세관에 있던 기사도 뾰족한 창이나 검, 화살을 막을 수 있는 사슬을 엮어 만든 갑옷을 입고 있었어요!

 철 장갑이 있다면 19쪽으로 가세요.

 철 장갑이 없다면 44쪽으로 가서 중세관으로 가세요.

맞아요. 반올림을 잘했어요! 7651은 7600보다 7700에 더 가까워요.

반올림은 구하려는 자리의 한 자리 아래 숫자가 0, 1, 2, 3, 4이면 버리고, 5, 6, 7, 8, 9이면 올려요. 7651의 십의 자리 숫자가 5이므로 백의 자리의 수를 올려야 해요.

7700 손잡이를 들어 올리자 문이 활짝 열렸어요. 당신은 용감하게 무덤 속으로 들어갔지요.

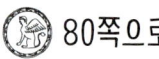 80쪽으로 가세요.

당신은 통로를 따라 이어져 있는 발자국을 따라갔어요. 발자국은 잠겨진 철문까지 이어졌지요. 하지만 철문이 굳게 잠겨 있어 더 이상 나아갈 수 없었어요. 철문의 문에 붙어 있는 놋쇠로 만든 판에는 이런 글이 새겨져 있었어요.

> 문을 열려면
> 고대 로마 열쇠가
> 필요합니다.

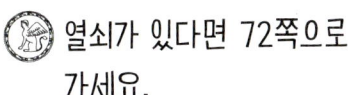 열쇠가 있다면 72쪽으로 가세요.

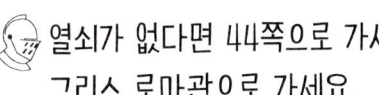 열쇠가 없다면 44쪽으로 가서 그리스 로마관으로 가세요.

 비밀 통로의 계단을 따라 내려가야 할까요? 어떻게 해야 할지 몰라 갈피를 잡지 못하던 당신은 13 구역 나무 상자에서 꺼내 온 두루마리가 생각나 펼쳐 보았어요. 그리고 다음 지시문을 읽었지요.

아래로 내려가되 조심할 것.
도둑이 함정을 파 놓았음.
안전한 계단은 3씩 뛰어 세기.

함정에 빠지지 않으려면 당신은 3, 6, 9……의 차례로 계단을 밟고 내려가야 해요. 그렇다면 16번째 계단을 밟을 생각인가요?

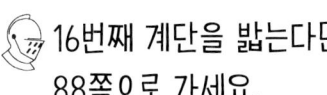 16번째 계단을 밟는다면 88쪽으로 가세요.

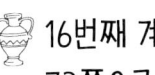 16번째 계단을 안 밟는다면 73쪽으로 가세요.

 맞았어요. 빈 곳에 들어가는 수는 모두 제곱수예요.

그러면 바이킹의 눈은 어디에 있을까요? 이것저것 떠올려 보고 이리저리 찾아봐도 도무지 적당한 걸 찾을 수 없어요. 그러다 당신은 의외의 곳에서 바이킹의 눈을 발견하지요. 배의 돛에 그려진 그림이 멀리서 보니 거대한 눈으로 보여요. 당신은 바이킹의 눈을 더 가까이에서 보기 위해 배에 다시 올라탔어요.

100쪽으로 가세요.

용은 은신처인 동굴 구석에서 몸을 웅크리고 있었고, 당신은 용의 동굴을 한번 휙 훑어봤어요. 동굴 뒤쪽에서 작은 문을 찾아냈지요. 작은 문에는 '용의 동굴 아래를 보게.'라고 휘갈겨 쓴 메모가 있었어요. 이것은 단서가 틀림없어요.

작은 문에는 철 손잡이가 달려 있었어요. 그러나 손잡이는 그 자리에 딱 붙어서 꼼짝도 하지 않아요. 당신은 다시 한 번 손잡이를 어떻게 해 보려는 생각으로 손잡이에 묻었던 땀을 닦기 위해 손잡이를 슥슥 문질렀어요. 그러자 조금 전까지만 해도 없던 글자가 나무 문에 나타났어요.

56을 반으로 나누고,
한 번 더 반으로 나누게.
다시 한 번 더 반으로 나눈 수만큼
손잡이를 돌리게.

 손잡이를 6번 돌린다면 110쪽으로 가세요.　　손잡이를 7번 돌린다면 29쪽으로 가세요.

당신은 문을 열고 방으로 들어갔어요. 방 한 쪽 구석에는 큰 나무 상자가 있었어요.

B 문의 안내문은 사실이에요. 아래처럼 홀수를 두 배하면 항상 짝수가 되거든요.

수	1	3	5	7	9	11
×2	2	6	10	14	18	22

 11쪽으로 가세요.

당신은 돌아서서 왔던 길을 되돌아가기로 해요. 문을 나서서 통로를 지나고 다시 한 번에 3개씩 계단을 올라가 그리스 로마관 입구로 갔어요.

그러나 마지막에 찾으라고 했던 규칙이란 무엇일까요? '규칙'에 대해 궁리하며 걷다 보니 어느새 박물관 입구의 중앙홀에 도착했지요. 그리고 모자이크 구역을 가리키는 표지판에 시선이 머물자 당신의 머릿속에서 빛이 번쩍했어요. 모자이크! 그것이 규칙이군요!

당신은 모자이크 구역의 표지판이 가리키는 방향으로 발길을 옮겼어요. 가르랑거리는 소리가 또다시 들렸지요. 무슨 소리일까요?

 96쪽으로 가세요.

 아무리 기다려도 아무 일도 일어나지 않아요. 잘못 말했군요!

아래 그림은 수직선에서 100이 어디에 있는지를 보여 주지요. 99는 100보다 1 작은 수예요. 그것은 0과 200의 중간보다 약간 더 작아요.

어? 갑자기 발밑에 있는 육중한 기계가 끼기긱 소리를 내며 뒤집히려고 해요. 너무 늦기 전에 재빨리 다시 말하세요!

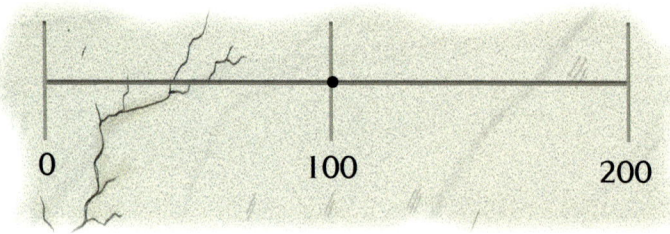

84쪽으로 가세요.

검을 잡으려고 손을 뻗은 순간, 당신은 '야옹' 하는 높고 날카로운 소리를 듣고 깜짝 놀라 뒤로 넘어져 주저앉고 말았어요. 그때 검이 훌쩍 날아오르더니 당신이 방금 서 있던 바닥에 검이 박혔어요. 가장 오래된 검은 그 검이 아니었어요! 가장 오래된 검을 찾으려면 만들어진 시기에 가장 작은 수가 쓰여 있을 거예요.

 22쪽으로 가세요.

 당신은 지도를 보고 '장신구'가 있는 7 구역으로 갔어요. 소수가 뭔지 정확히 알고 있군요! 7은 1부터 9까지의 수 중 가장 큰 소수가 맞아요.

7 구역에는 여러 장신구가 진열되어 있었지요. 그중 당신은 파란색과 빨간색 구슬이 잔뜩 꿰어진 아름다운 목걸이를 보고 가까이 다가갔어요. 넋을 놓고 한참이나 목걸이를 바라보던 당신은 가만 보니 유리 진열장 유리판에 글씨가 쓰여 있다는 걸 알았어요. 그 내용은 이런 것이었지요.

> 구슬의 개수를 모두 세어 보아야 한다네.
> 그 다음 그 수에 있는 각각의 숫자를 모두 더하게.
> 그곳이 가야 할 곳일지니.

그러나 목걸이에는 수백 개의 구슬이 달려 있어요. 도둑보다 먼저 보물을 찾아야 하기 때문에 구슬을 하나하나 셀 시간은 없어요. 당신은 유리 진열장에 손을 올리고 손가락으로 유리판을 톡톡 두드리며 이리저리 머리를 굴려 보았어요. 그러다 유리판에 놓여 있는 종이 카드를 무심코 넘겨 보았지요. 야호! 거기에는 다음과 같은 내용이 쓰여 있었어요.

> 목걸이는 빨간 구슬 1개에
> 파란 구슬 10개씩을 이어 만들었소.
> 빨간 구슬의 개수 =22

이제 당신은 어렵지 않게 목걸이 구슬의 개수를 알 수 있겠군요!

 구슬 개수가 222개라면 103쪽으로 가세요.

 구슬 개수가 242개라면 22쪽으로 가세요.

경찰이 달려와 미스터리 박물관에 갇힌 도둑들을 체포했어요. 미스터리 박물관의 위대한 고대 보물은 안전해요! 경찰국장이 당신의 등을 토닥거리며 미소 지었어요.

그런데 당신에게 편지를 써서 미스터리 박물관에 도둑이 든 걸 알린 사람은 누구일까요? 경찰은 당신이 경보를 울리기 전까지는 이 사건에 대해 전혀 몰랐다고 하고, 미스터리 박물관 근무자는 없었어요. 혹시 도둑 무리 중 한 사람일까요? 그렇다면 경찰에 붙잡혔을 때 그 이야기를 했을 텐데 말이에요.

당신은 곁에 있는 미스터리 박물관 고양이 피타골푸스를 바라봤어요. 그랬더니 갑자기 졸음이 몰려오는군요. 하긴 자다 깨서 달려온 피곤한 사건이었으니까요. 당신은 피타골푸스를 무릎에 앉히고 의자에 쓰러져 자고 싶은 마음이 간절해요. 설마 피타골푸스? 당신의 코 고는 소리가 들리네요.

끝

 당신은 그리스 로마관으로 가는 표지판을 따라가다가 문득 멈춰 섰어요. 당신을 조용히 따라오는 발자국 소리가 들렸거든요. 그런데 지금은 안 들리네요. 조금 무서울 수도 있는데 무슨 까닭인지 두렵지 않아요.

 25쪽으로 가세요.

 당신은 항아리에 손을 집어넣었어요. 그러자 털 많은 어떤 것이 당신의 손가락에 툭 하고 올라오지 뭐예요! 당신은 깜짝 놀라 재빨리 항아리에서 손을 빼냈지요. 조금 후 항아리 입구로 나온 것은 두툼한 다리를 가진 거대한 독거미 타란툴라였어요. 독거미에 물리지 않아 다행이에요. 당신은 운이 좋군요.

항아리를 잘못 골랐어요. '5×5'는 24가 아니라 25이지요.

25쪽으로 가세요.

 가까이 가 보니 멀리서 봤을 때보다 쇠솥은 더 거대했어요. 그 거대한 솥의 굵은 테두리에는 글이 새겨져 있었지요.

**천의 자리의 수, 백의 자리의 수,
십의 자리의 수, 일의 자리의 수.
무덤을 열려면 가장 큰 수를 구해라.**

솥 안에 여러 빛깔의 구슬 네 개가 들어 있었어요. 당신은 구슬을 모두 꺼냈지요. 각각의 구슬에는 숫자가 하나씩 새겨져 있어요.

당신은 구슬의 숫자가 솥 테두리 글에서 말한 네 자릿수라고 추리했어요. 각 구슬의 숫자가 천의 자리의 수, 백의 자리의 수, 십의 자리의 수, 일의 자리의 수인 거지요. 그러나 각 숫자의 자릿수는 알 수가 없어요. 하지만

솥에 새겨진 내용을 보면 가장 큰 수를 찾아야 해요. 아하! 당신은 구슬을 어떻게 놓아야 할지 깨달았어요.

 7615라고 생각한다면 10쪽으로 가세요.

 76510이라고 생각한다면 97쪽으로 가세요.

이 항아리가 맞아요! 곱셈을 할 줄 아는군요. 당신은 항아리에 손을 쑥 넣고 더듬거렸어요. 그 속에서 동글납작한 점토판 6개와 지시가 쓰인 쪽지를 꺼냈지요.

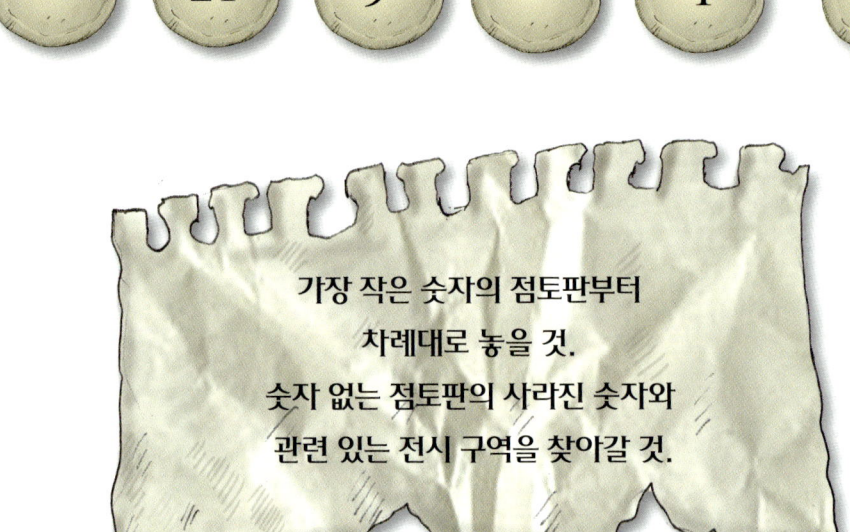

가장 작은 숫자의 점토판부터
차례대로 놓을 것.
숫자 없는 점토판의 사라진 숫자와
관련 있는 전시 구역을 찾아갈 것.

115쪽으로 가세요.

당신은 문을 열고 방으로 들어갔어요. 그러자 문이 갑자기 쿵 하고 닫혔고 숨을 쉬기가 힘들어졌지요. 의식을 잃기 전에 어서 빨리 방에서 나가야 해요! 그때 날카로운 가르랑 소리가 들렸어요. 당신은 희미해지는 정신을 가다듬고 입술을 자근자근 씹으며 가까스로 그곳을 빠져나왔어요.

A 문의 안내문은 거짓이었어요. 예를 들어 볼까요? 4를 반으로 나누면 2가 나와요. 이렇듯 짝수 중 어떤 것은 반으로 나누었을 때 짝수가 되기도 한답니다.

 28쪽으로 가세요.

 당신은 가방에서 고대 로마 열쇠를 꺼냈어요. 열쇠를 넣고 돌리자 삐거덕 소리를 내며 철문이 열렸지요. 마지막으로 열린 게 오래 전이었는지 문은 뻣뻣하고 삐걱거리는 소리가 크게 났어요. 당신은 조금 불안했지만, 문 안쪽으로 발을 내디뎠어요. 그때 무언가 당신을 따라 들어온 것 같아요. 살며시 발밑을 내려다보자 미스터리 박물관의 고양이 피타골푸스가 당신을 올려다보고 있네요. 여기까지 오는 동안 피타골푸스가 당신을 도와주었군요! 당신은 지금까지 혼자가 아니었어요.

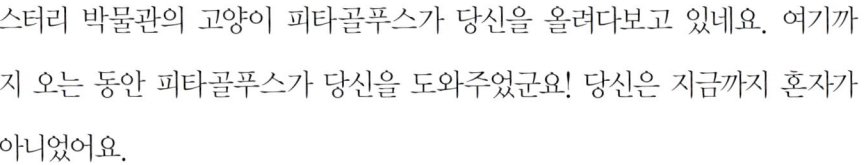

 50쪽으로 가세요.

당신은 계단을 한 번에 3개씩 세어 가며 3개째 계단만 조심스레 밟고 내려갔어요. 다 내려온 다음 계단 끝에서 위를 올려다보니 16번째 계단에 가느다란 철사 줄로 만든 덫이 보였어요. 마치 먹이를 잡으려고 거미줄을 쳐 놓고 조용히 기다리는 거미 같았지요. 저 덫에 걸리지 않은 게 천만다행이에요. 숨을 고르고 계단 끝을 바라보자 깜박거리는 불꽃 때문인지 이상한 기운이 감도는 통로가 보였어요.

 28쪽으로 가세요.

 맞았습니다. 점토판의 수 배열 규칙은 '더하기 4'예요. 따라서 1, 5, 9, 13, 17, 21 차례로 놓으면 되지요.

당신은 사라진 숫자인 13 구역을 찾기 위해 그리스 로마관을 돌아다녔어요. 그런데 어디에도 13 구역은 없었지요. 고민하며 휙 돌아서던 순간, 당신은 어두운 구석에서 반짝이는 두 개의 눈을 봤어요. 당신은 발걸음을 재촉해 그쪽으로 걸어갔지요. 거기에 바로 13 구역이 있었어요!

🍇 14쪽으로 가세요.

 당신은 중세 시대의 전시품이 있는 중세관 표지판을 따라갔어요. 갑옷이 벽을 따라 쭉 늘어서 있고 문장이 있는 방패도 보여요. 당장이라도 중세의 왕과 신하가 통로를 따라 지나갈 것 같아요. 잠깐! 저게 뭐죠? 어둠 속에서 그들의 눈이 당신을 비추고 있는 걸까요?

16쪽으로 가세요.

점토판에 새겨진 이상한 글을 말하는 걸까요? 그 글을 거울로 봐야 하나 봐요. 아하! 점토판에 새겨진 글은 거울 문자가 분명해요. 세기의 천재 레오나르도 다 빈치처럼 글자의 왼쪽과 오른쪽을 뒤집어 쓴 것이지요!

당신은 점토판에 쓰인 글씨를 거울로 비추어 보았어요. 지도에 나타났던 글귀대로 글이 명확해졌어요. 이제 무슨 내용인지 알 수 있어요.

빨간색 – 경보
파란색 – 보안 문
검정색 – 전원

당신은 단추 누를 순서를 다시 확인해 보았어요. 먼저 보안 문을 닫고, 전시관 전원을 끈 다음, 경보를 울린다. 당신은 파란색 단추를 눌렀어요. 소리 없이 두꺼운 강철 보안 문이 내려와 닫혔고, 도둑들은 그 안에 갇혔지요. 아직 금고를 다 뚫지 못했어요. 다음으로 당신은 검정색 단추를 눌렀어요. 고대 보물관 전원이 꺼졌고, 전시관 전기를 쓰고 있던 드릴이 딱 멈추면서 구멍 뚫는 소리도 나지 않는군요. 이제 고대 보물은 안전해요! 마지막으로 빨간색 단추를 눌렀어요. 경보 장치가 요란하게 울리고, 경찰이 '5분 내 출동'이라고 연락이 왔어요.

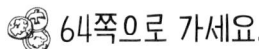 64쪽으로 가세요.

당신은 멋진 침대를 찾기 위해 배 여기저기를 꼼꼼하게 둘러보았지요. 배에는 침대 비슷한 것도 없어요. 배에 없다면 이 넓은 박물관에서 어떻게 찾아야 할지를 고민하며 시선을 멀리 던진 순간, 당신은 추장 해골이 누워 있는 유리 상자 옆에서 침대를 찾았어요. 저거다! 아마 추장 해골은 저 침대에 누워 있는 상태로 발견된 모양이에요.

당신은 배에서 뛰어내려 한걸음에 침대로 달려갔지요. 침대에는 아무것도 없었어요. 그래서 당신은 침대 밑으로 기어들어 갔어요. 그러나 무언가 잘못되었군요! 침대 다리에 새겨져 있던 포도나무가 갑자기 마구 자라나더니 당신의 손목과 발목을 감아서 비틀려고 해요. 그때 날카로운 발톱과 이빨이 포도 넝쿨을 뜯어냈어요. 당신은 침대 밑에서 겨우 탈출했지요.

당신의 생각은 틀렸어요. 단서는 초록이 25%, 빨강이 40%라고 했어요. 둘을 합하면 65%가 되지요. 이 나머지 부분이 파랑이라고 했으니, 100%-65%=35%로 파랑이 35%예요. 따라서 초록 25%, 빨강 40%, 파랑 35%가 되므로 파랑(35%)보다 빨강(40%)이 더 많아요.

100쪽으로 가세요.

무덤 안에 들어가니 전시품이 밝게 빛나고 있었어요. 당신을 환영한다고 더 밝게 빛을 내는 것처럼 보여요. 바이킹 전사 복장을 한 마네킹 여러 개가 바이킹 추장의 몸 주변에 서 있었지요. 확성기에서 흘러나온 목소리는 바이킹의 매장 문화에 대한 이야기를 들려주고 있어요. 잠깐! 지금은 다른 이야기를 하고 있어요. 당신은 더 자세히 듣기 위해 귀를 기울였지요. 확성기의 그 목소리는 마치 당신에게 말하고 있는 것 같군요!

**"바이킹의 방패를 보고
빨강이 0.6만큼 차지하는 방패를 찾아라.
그것은 빨강이 10분의 6인 방패다."**

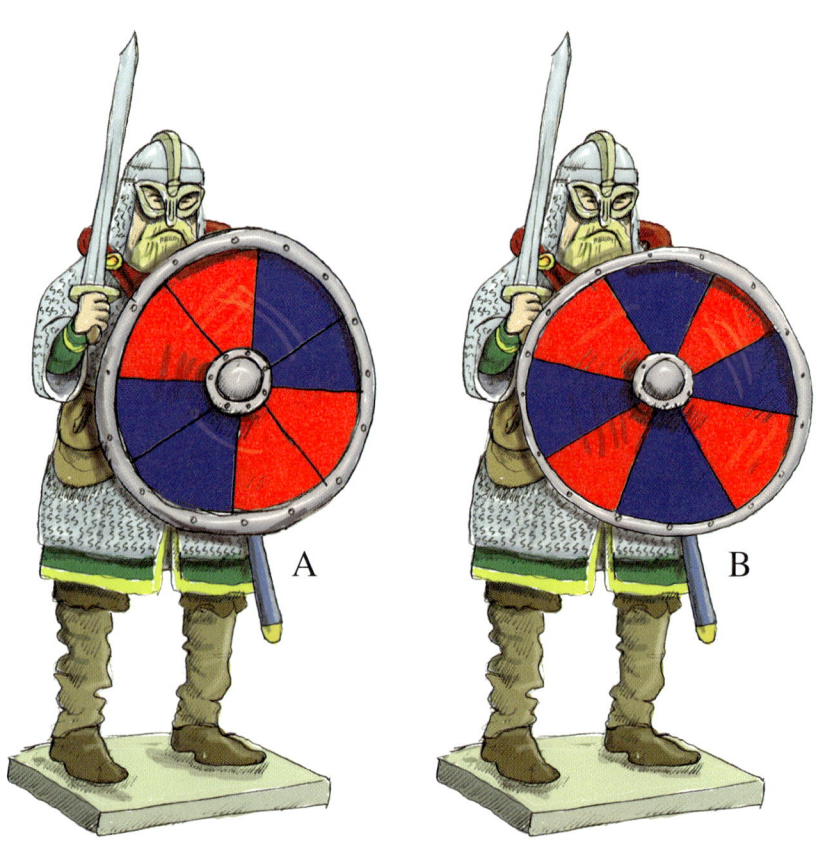

당신은 바이킹 전사 마네킹이 손에 든 방패를 보았어요. 모두 빨간색과 파란색으로 칠해져 있었지만, 모양이 조금씩 달랐지요. 어떤 방패가 확성기 목소리가 말한 방패일까요?

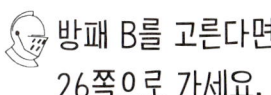 방패 B를 고른다면 26쪽으로 가세요.

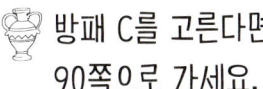 방패 C를 고른다면 90쪽으로 가세요.

81

 당신이 40번 의자가 있는 탁자 밑으로 몸을 숙이자 사나운 사냥개와 맞닥뜨렸어요. 사냥개의 검은 입술 주변으로 침이 줄줄 흘러내려요. 움직이면 당장이라도 달려들어 공격할 것 같아요! 당신이 이러지도 저러지도 못 한 채 사냥개의 눈치를 보고 있을 때, 가벼운 몸놀림의 어두운 형체가 탁자 밑으로 쑥 들어왔다 바람같이 가로질러 나갔어요. 무시무시한 사냥개는 단박에 그 형체에게 주의를 돌려 으르렁거렸지요.

이 틈에 당신은 급히 빠져나왔어요.

당신은 수를 잘못 선택했고, 하마터면 목숨을 잃었을지도 몰라요. 40은 짝수이고 5의 배수이지만, 100의 인수는 아니에요.

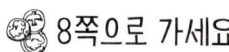 8쪽으로 가세요.

 당신은 이 숫자가 전시 구역의 숫자와 연관 있을 거란 생각에 그리스 로마관에 14 구역이 있는지 찾아봤어요. 14 구역에는 신전의 거대한 돌기둥이 있네요. 돌기둥 쪽으로 걸어가자 갑자기 돌기둥이 기우뚱하더니 한꺼번에 무너져 내렸어요. 당신은 돌기둥을 피해 보려고 서둘러서 몸을 돌렸지만 생각처럼 몸이 움직이지 않았지요. 그때였어요. 당신의 가슴으로 털 뭉치 같은 것이 뛰어 올라 당신을 옆으로 확 밀쳐 냈어요. 돌기둥은 방금 당신이 서 있던 곳으로 와르르 무너져 버렸지요. 휴, 다행이에요. 당신이 피할 수 있도록 도운 것은 누구, 아니 무엇이었을까요?

당신은 잘못 생각했어요. 점토판의 수 배열 규칙은 '더하기 4'예요. 그러니까 1+4=5, 5+4=9, 9+4=13······. 이런 식으로 점토판은 차례대로 1, 5, 9, 13, 17, 21로 놓으면 되지요.

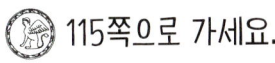 **115쪽으로 가세요.**

 당신은 돌판에 새겨진 글을 읽어 보았지요.

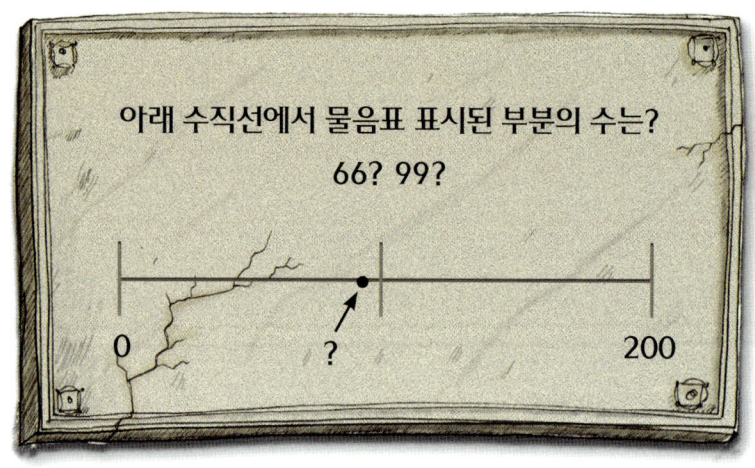

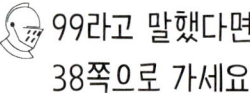 66이라고 말했다면 60쪽으로 가세요.

99라고 말했다면 38쪽으로 가세요.

밧줄을 자르기 전에 당신은 12번 밧줄이 어디까지 연결되어 있는지 올려다봤어요. 12번 밧줄은 돛대의 꼭대기까지 연결되어 있었는데, 꼭대기에 있는 어떤 물체를 감고 있었지요. 그 물체를 살펴봐야겠다고 생각한 당신은 과감하게 밧줄을 잘랐어요. 그러자 마치 마법처럼 모든 밧줄이 순식간에 사라지고 이상한 물체가 돛대를 미끄러져 내려왔어요. 그건 거대한 뿔피리였지요. 옛날의 바이킹은 그들의 접근을 알리기 위해 뿔피리를 불었다고 해요.

당신은 공배수를 잘 알고 있군요!

 24쪽으로 가세요.

상자 뚜껑을 들어 올리자마자 시끄럽게 윙윙거리는 소리가 나더니 커다란 말벌이 툭 튀어 나와 당신의 목을 향해 곧장 날아와 침으로 찌르려 해요!

상자를 잘못 선택했군요!

당신은 탁자 아래로 재빨리 몸을 숨겼어요. 말벌은 당신을 찾는지 부산스럽게 여기저기를 날아다니다가 결국 달빛 비치는 창문 밖으로 날아갔지요.

아래 표가 1부터 10까지의 로마 숫자입니다.

Ⅳ는 6이 아니라 4예요.

14쪽으로 가세요.

당신은 편지에 쓰인 가장 무거운 도끼를 찾기 위해 전시되어 있는 도끼를 찬찬히 살펴봤어요. 무게 표시는 숫자가 아니라 한글로 표시되어 있고 단위는 그램이에요. 여러 도끼 가운데 가장 무거울 것 같은 도끼가 어떤 것일지 고민이 되는 건 다음의 두 가지였어요.

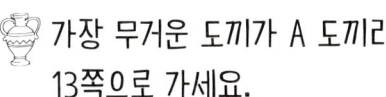 가장 무거운 도끼가 A 도끼라면 13쪽으로 가세요.

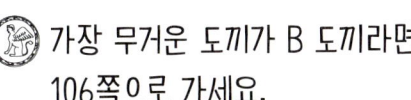 가장 무거운 도끼가 B 도끼라면 106쪽으로 가세요.

 16번째 계단을 밟은 당신은 도둑의 함정에 빠졌어요. 16번째 계단을 밟으면 작동하도록 철사 줄로 덫이 설치되어 있었지만 덫이 오래된 탓인지, 당신이 계단을 살살 밟은 탓인지, 당신은 간발의 차이로 덫을 피할 수 있었어요.

두루마리의 지시 사항에서는 '안전한 계단은 3씩 뛰어 세기'라고 했어요. 따라서 '3씩 뛰어 세기'를 하면 다음과 같아요.

3, 6, 9, 12, 15, 18, 21……. 16은 없군요. 그러므로 16번째 계단은 밟지 말아야 했어요.

 54쪽으로 가세요.

 당신은 검으로 36번 종을 쳤어요. 그러나 종이 울리기는커녕 쩍 하고 금이 가지 뭐예요! 그 갈라진 틈에서 선명하고 화려한 색깔의 뱀이 쉿쉿 소리를 내며 기어 나왔어요. 뱀은 몸을 곧추세운 채 당신 발을 물려고 해요! 그러자 검은색의 무엇이 눈 깜짝할 사이에 뱀의 꼬리를 확 덮쳤어요. 뱀은 다시 종 속으로 스르르 기어 들어갔지요.

천에 쓰여 있던 글귀를 다시 떠올려 보세요. 6×6=36. 36은 6의 제곱수예요. 천에 쓰인 단서에서는 '제곱수가 아닌 종'을 울리라고 했어요.

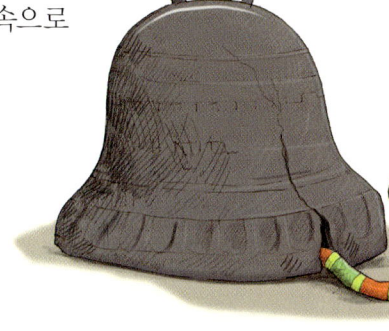

43쪽으로 가세요.

 방패를 잘 골랐어요! 당신은 소수와 분수를 아는군요. 당신은 마네킹 바이킹 전사의 손에서 방패를 내려 뒤집어 봤어요. 방패 뒤에는 찢어진 고대 지도 조각이 붙어 있었어요. 그것이 필요할지 어떨지 모르겠지만 지도 조각을 조심스럽게 방패에서 떼어 내어 가방에 넣었지요. 방패 뒤 지도를 떼어 낸 자리에는 다음과 같은 글이 쓰여 있었어요.

**당신은 이 위험한 게임에서 이기고 있다.
이제 당신이 왔던 곳으로 돌아가라.
그곳에서 그물 속에 있는 수를 찾아라.
부적도 찾아라.**

🪙 109쪽으로 가세요.

'철 장갑'과 '빛나는 원판'? 그것들은 어디에 있을까요? 당신은 또 다른 글자가 쓰인 두 번째 방패를 보았어요. 거기에는 다음과 같은 내용이 있었지요.

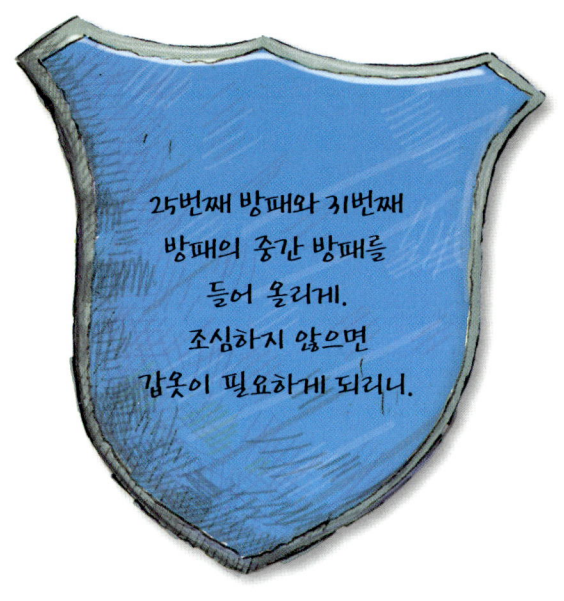

25번째 방패와 31번째 방패의 중간 방패를 들어 올리게. 조심하지 않으면 갑옷이 필요하게 되리니.

 29번째 방패를 들어 올린다면 101쪽으로 가세요.

28번째 방패를 들어 올린다면 32쪽으로 가세요.

상자를 맞게 선택했군요! 뚜껑을 여니 그 안에는 오래된 두루마리가 들어 있었어요. 두루마리는 가늘고 긴 가죽끈으로 묶여 있었지요. 당신은 조심스럽게 가죽끈의 매듭을 풀고 두루마리를 펼쳤어요. 거기에는 목록과 지시 사항이 뒤죽박죽 쓰여 있었지요. 이 두루마리가 앞으로 필요하리라고 생각한 당신은 두루마리를 가지고 나왔어요.

두루마리 가장 위에는 숫자 20이 적혀 있었어요. 당신은 20 구역을 찾아야 한다고 추측하고, 20 구역을 찾기 위해 주위를 훑어보았지요. 그때 어디선가 음산하게 가르랑거리는 소리가 들렸어요.

당신은 마음이 급해져서 더 빨리 움직였어요.

40쪽으로 가세요.

당신은 가방에서 세 가지 물건을 꺼내 책상에 올려놓았어요. 금으로 된 거울, 신비로운 글이 쓰인 점토판, 찢어진 지도 조각이에요.

어? 지도가 가방에 넣었을 때랑 달라 보여요. 희미하게 빛나는 것 같군요. 빛나는 부분을 살펴보니 지도가 당신이 가야 할 길을 보여 주려는 것 같아요! 당신은 지도 조각을 더 가까이 가져와 살펴봤어요. 그랬더니 글귀에서 빛이 나오고 있어요.

거울로 보면 글이 명확해진다네.

76쪽으로 가세요.

당신은 바이킹관으로 향하는 통로를 따라 걸어갔어요. 누군가 기둥 근처에 우유 한 접시를 놓아두었네요. 어디선가 가르랑거리는 소리가 나더니 언뜻 꼬리의 끝 같은 것을 본 듯해요. 조금 더 걷자 눈앞에 커다란 바이킹 배가 나타났어요. 그것은 무덤에서 파낸 칼, 도끼, 뿔 달린 헬멧, 장신구와 같은 전시품으로 둘러싸여 있었지요. 그리고 바닥에서 당신은 우윳빛 동물 발자국을 발견했어요. 발자국은 유유히 유리 상자 쪽으로 이어졌지요. 유리 상자 속에는 해골이 누워 있었어요. 유리 상자에 붙어 있는 설명을 보니 바이킹 추장이군요. 어라? 유리 상자에 편지가 놓여 있어요.

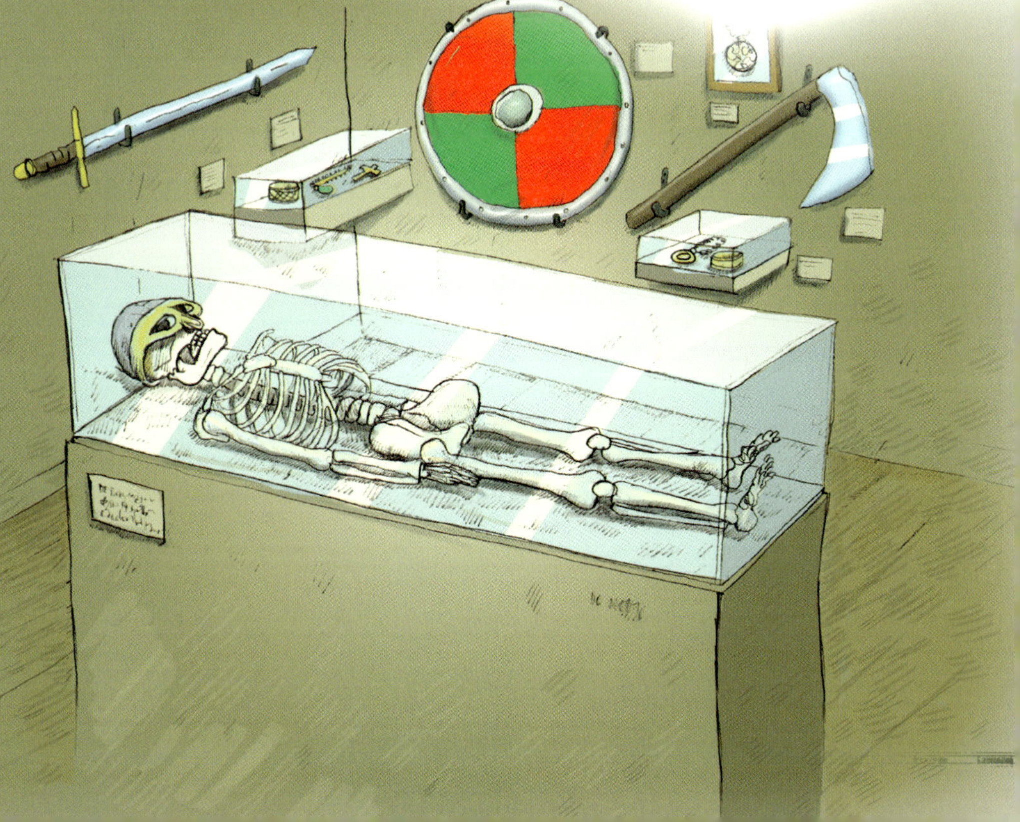

**부적은 이 바이킹의 의자 밑에 있다.
그러나 바이킹의 저주 있으니
피하려면 추장의 도끼 가운데
가장 무거운 것을 찾아라.**

그때 차가운 바람이 전시관으로 휙 불어와 배의 돛을 흔들었어요.

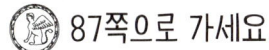 87쪽으로 가세요.

 바닥에 두 개의 모자이크가 있어요. 두 모자이크는 모양이 조금 달라요. 아마 규칙도 서로 다를 거예요. 자, 이제 당신은 무엇을 해야 할까요? 당신은 가방에 넣어 둔 두루마리가 떠올랐어요. 가방을 열고 묶여 있는 가죽끈을 풀어 두루마리의 다음 내용을 확인했더니 다음과 같은 글이 쓰여 있었지요.

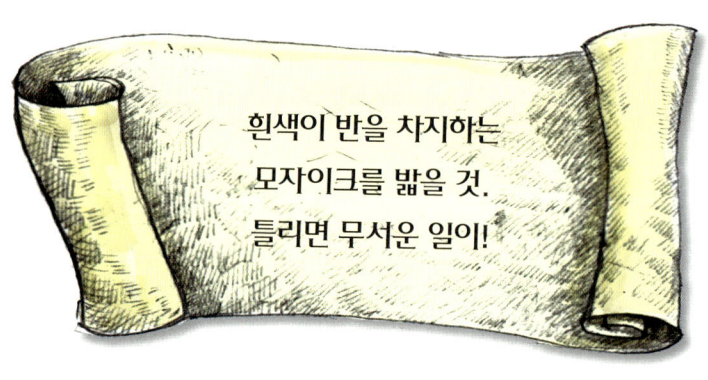

흰색이 반을 차지하는
모자이크를 밟을 것.
틀리면 무서운 일이!

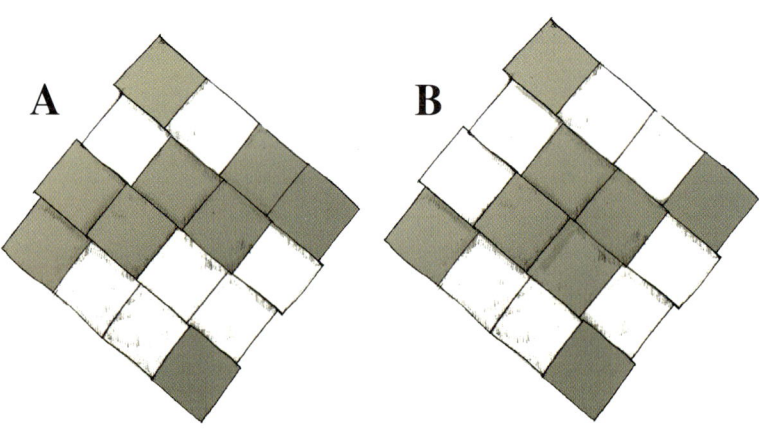

 모자이크 A를 밟는다면
39쪽으로 가세요.

 모자이크 B를 밟는다면
23쪽으로 가세요.

 맞았어요! 이제 당신은 다음 도전에 필요한 수를 알아냈어요. 7651을 기억하세요. 노트에 적어 놓는 것도 좋겠군요.

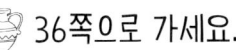 36쪽으로 가세요.

당신은 돌판에 새겨진 1부터 10까지의 숫자에 손가락을 대고 어떤 것을 누를지 고심하다가 8을 눌렀어요. 그러자 돌판이 마구 흔들리지 뭐예요! 당신은 얼른 뒤로 물러섰어요. 돌판은 요란한 소리와 함께 바닥으로 떨어졌고, 돌판이 떨어진 곳 뒤에 비밀 통로의 입구가 보였어요. 입구에 램프를 비추자 아래로 내려가는 좁은 계단이 있었지요.

도형의 변이 문제를 해결할 열쇠였어요. 삼각형은 변이 3개, 사각형은 변이 4개예요. 따라서 삼각형+사각형=3+4=7이고 오각형은 변이 5개이므로, 삼각형+오각형=3+5=8입니다.

당신은 정답을 잘 맞혔어요.

 54쪽으로 가세요.

당신은 검으로 32번 종을 쳤어요. 종은 맑고 깊으면서도 커다란 울림으로 미스터리 박물관 전체를 가득 채웠어요.

종을 잘 찾았어요! 32는 제곱수가 아니에요.

동굴처럼 생긴 '전설 속의 인물' 6 구역 입구에서 거대한 머리가 나타났어요. 용이 당신을 노려보고 있군요. 이제 활과 화살이 필요해요. 당신은 '활과 화살'이 있는 5 구역으로 뛰어갔어요.

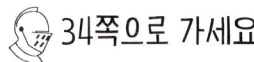34쪽으로 가세요.

돛에 그려진 그림을 가까이에서 구석구석 살펴보았더니, 눈의 가운데라고 생각되는 부분에 작은 글씨로 다음 단서가 적혀 있었어요.

25%가 초록, 40%가 빨강,
나머지가 파랑이다.
파랑보다 빨강이 많다면
나무 의자를 찾아라.
빨강보다 파랑이 많다면
추장의 침대를 찾아라.

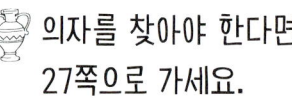 의자를 찾아야 한다면 27쪽으로 가세요.

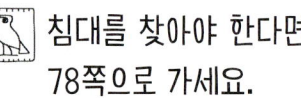 침대를 찾아야 한다면 78쪽으로 가세요.

 방패를 잘못 선택했어요! 갑옷을 입은 채 길을 막고 서 있던 중세의 기사가 갑자기 진짜로 검을 휘두르며 당신을 향해 걸어왔어요. 당신이 놀라서 그 자리에 얼어붙어 있자 어디선가 털 뭉치 같은 것이 쏜살같이 튀어나와 기사의 다리 사이로 휙 지나갔어요. 무거운 갑옷 탓에 둔한 기사는 발을 헛디디며 넘어져 박살이 났지요.

아래에 늘어놓은 방패를 보세요. 25와 31의 중간에 있는 수는 무엇인가요? 다시 선택해 보세요.

91쪽으로 가세요.

 마방진에서 각 줄에 있는 숫자의 합은 항상 같고, 그 합이 바로 '마법의 수'예요. 세로줄과 대각선에 있는 수의 합 또한 '마법의 수'가 되지요. 확인해 보세요.

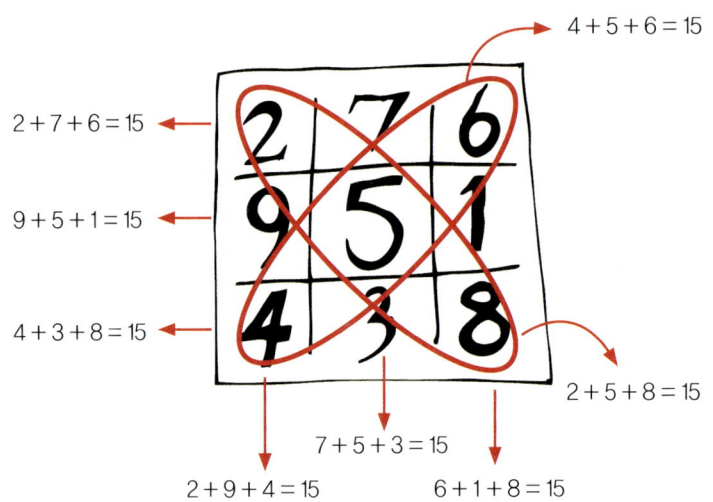

🔖 11쪽으로 가세요.

당신은 목걸이의 구슬이 222개라고 했군요. 단서에서는 그 숫자를 모두 더하라고 했지요. 2+2+2=6. 답이 나오자 당신은 곧바로 '전설 속의 인물'이 있는 6 구역으로 갔어요.

앞에 보이는 6 구역은 어두침침하고 축축한 느낌 때문에 마치 괴물이 사는 동굴 입구처럼 보였어요. 확실하지는 않지만 거친 숨소리도 들린 것 같아요. 어느새 긴장되어 몸을 바짝 움츠린 당신은 앞으로 가는 게 두려워졌어요. 유황 가스 냄새까지 나는군요. 헉! 거대한 노란 눈이 어둠 속에서 당신을 노려보고 있어요! 은신처에 다가온 당신에게 화가 났는지 갑자기 뜨거운 불길을 화르륵 뿜으며 쿵쿵거렸어요. 노란 눈의 정체는 무서운 용이군요! 용의 은신처를 발견했지만, 가까이 가는 건 불가능해 보여요.

당신의 답은 틀렸어요! 빨간 구슬은 모두 22개예요. 따라서 파란 구슬은 220개이지요. 이 두 가지 색깔 구슬을 합하면 모두 몇 개일까요?

 62쪽으로 가세요.

당신은 바이킹의 주머니를 찾으려고 주위를 둘러보았어요. 바이킹 추장 해골이 있는 유리 상자 옆에 전시품으로 바이킹의 주머니가 있어요. 끈으로 묶는 가죽 주머니네요. 당신은 그 주머니를 꺼냈어요. 그런데 주머니 속에 움직이는 게 들어 있는지 주머니가 꿈틀거려요. 당신은 숨을 고른 다음 차분하게 끈을 풀었지요. 속에 든 걸 확인해 보려고 당신이 막 주머니 속으로 손을 넣으려는 찰나 주머니에서 무언가 살금살금 기어 나왔어요. 전갈이군요! 당신은 주머니와 전갈을 가능한 멀리 있는 힘껏 던졌어요.

틀렸어요. 빈 곳에 들어갈 수는 4, 9, 16, 25, 36, 49, 64예요. 이 수는 모두 제곱수예요. 소수는 1과 자기 자신만으로 나누어떨어지는 수를 말해요. 이를테면 2, 3, 5, 7, 11, 13 등이 소수예요.

제곱수는 어떤 수를 제곱하여 얻은 수를 말하는데, 1, 4, 9, 16, 25 따위가 있지요.

 20쪽으로 가세요.

앞쪽에서 '드드드드덜덜덜' 하는 소리가 들려요. 아마 도둑이 보물이 들어 있는 금고에 들어가려고 드릴로 구멍을 뚫는 모양이에요. 왜 경보 장치가 울리지 않았을까요?

피타골푸스는 당신한테 따라오라는 듯 한번 쳐다보고는 '박물관 사무실'이라고 쓰인 문으로 뛰어갔어요. 문에는 번호 자물쇠가 붙어 있었지요. 당신이 문을 여는 비밀번호를 알 리가 없어요. 하지만 자물쇠 옆에 노란색 메모지가 붙어 있었지요.

비밀번호는 바이킹 부적의 연대입니다.

 부적이 있다면 48쪽으로 가세요.

 부적이 없다면 44쪽으로 가서 바이킹관으로 가세요.

105

 가장 무거운 도끼를 잘 찾았군요! 도끼를 꺼내어 자세히 살펴보니 도끼 머리 부분에 작은 글씨가 적혀 있네요.

이것을 바이킹 배에 실어라.

 46쪽으로 가세요.

 당신은 부적을 얻었어요. 미스터리 박물관의 다른 전시관에서 모험을 계속할 수 있지요. 당신은 표지판을 따라 입구에 있는 중앙홀로 갔어요. 조용히 당신의 등 뒤에서 따라오는 누군가와 함께요.

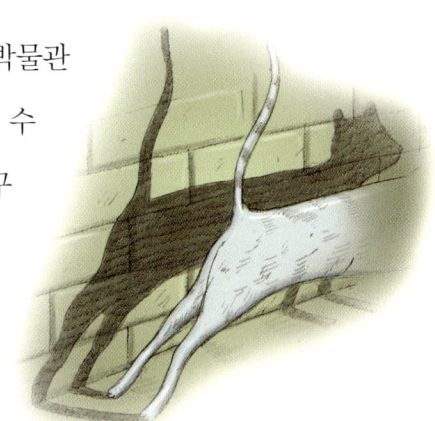

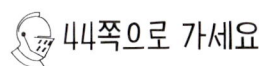 44쪽으로 가세요.

 깜박거리는 빛이 뱃머리의 늑대 입 속에 있는 작은 종이를 비추고 있어요. 작은 종이에는 또 다른 지시 사항이 있었어요!

늑대의 이빨을 세어 그 수만큼 이빨을 두드려라.
수가 맞으면 늑대가 당신을 이끌 것이고,
수가 틀리면 늑대를 피하라.
이빨의 개수는 20의 인수이다.

늑대의 이빨이 10개라면 49쪽으로 가세요.

 늑대의 이빨이 12개라면 117쪽으로 가세요.

당신은 방패에 쓰인 글대로 무덤 입구까지 왔던 길을 되돌아가기로 했어요. 마네킹 바이킹 전사를 지나고, 빛나는 전시품을 지나 문을 열고 모형 무덤 밖으로 나왔지요. 그런데 그물 속에 있는 수란 무엇일까요? 생각에 잠긴 당신이 문득 고개를 들자 배 옆에 걸린 고기잡이 그물이 눈에 띄었어요.

20쪽으로 가세요.

다시 작은 문의 철 손잡이를 쥐자 딱 붙어 있던 손잡이가 움직였어요. 당신은 손잡이를 6번 돌린 후 잡아당겼지만, 작은 문은 꼼짝하지 않아요. 틀린 답이었어요.

56의 반은 28이에요. 28의 반은 14이고, 14의 반은 얼마일까요?

심기가 불편해 보이는 용이 움직이기 전에 빨리 다시 해 보세요.

🍪 57쪽으로 가세요.

 당신이 과감하게 18번 밧줄을 자르자 순식간에 여러 밧줄이 당신의 팔과 다리를 칭칭 휘감았어요. 온몸이 밧줄에 묶여 꼼짝 못하고 있는데 설상가상으로 거대한 돛이 당신 머리로 떨어지려고 해요. 아찔해진 당신이 눈을 꽉 감으려 할 때, 날카로운 이와 발톱이 힘차게 밧줄을 잡아당겼어요. 당신은 때를 놓치지 않고 밧줄에서 몸을 빼냈지요. 곧이어 쿵 하고 당신이 있던 자리로 돛이 쓰러졌어요. 당신은 함정에 빠졌어요! 공배수를 잘 모르는군요. 그 밧줄이 아니에요.

공배수는 둘 이상의 수에서 공통인 배수를 말해요. 즉 두 수의 배수 가운데 공통으로 들어 있는 배수를 찾으면 되지요. 12는 1, 2, 3, 4, 6의 배수예요. 18은 1, 2, 3, 6의 배수이지만, 4의 배수는 아니지요. 구구단 4단을 살펴보면 4의 배수는 4, 8, 12, 16, 20 등이에요. 18은 없어요.

 46쪽으로 가세요.

손잡이가 움직이지 않아요. 당신은 반올림을 잘 모르는군요!

그때 문 뒤에서 바이킹의 뿔피리 소리와 더불어 뭔가 뛰어오는 소리가 났어요. 당신은 직감적으로 커다란 솥 뒤에 숨었고, 숨 돌릴 틈도 없이 문이 벌컥 열리면서 험악하게 생긴 바이킹 유령이 칼을 휘두르며 뛰쳐나왔어요. 만약 아까처럼 당신이 문 앞에 서 있었다면 유령의 칼에 맞아 그대로 쓰러졌을 거예요. 유령은 하릴없이 칼을 휙휙 휘두르며 방을 가로질러 바이킹 배 쪽으로 사라졌지요. 그러자 열려 있던 문도 쾅 하고 닫혔어요.

반올림은 구하려는 자리의 한 자리 아래 숫자가 0, 1, 2, 3, 4이면 버리고, 5, 6, 7, 8, 9이면 올려요. 7651을 반올림하여 백의 자리까지 나타내려면 십의 자리 숫자를 봐야 해요. 십의 자리의 숫자가 5이거나 5보다 큰가요? 그렇다면 백의 자리의 수를 올려야 해요.

 36쪽으로 가세요.

당신은 지도를 보고 '차꼬'가 있는 9 구역으로 갔어요. 한참을 뒤졌어도 단서는 못 찾았지요. 마지막으로 아래 그림처럼 생긴 차꼬를 찬찬히 살펴봤어요. 당신이 몸을 구부려 차꼬의 손목과 목을 끼웠을 구멍의 모양을 만졌을 때 갑자기 차꼬가 탁 하고 닫혔어요. 앗! 당신의 목과 손목이 그대로 차꼬에 들어맞아 갇히고 말았어요. 이대로 영원히 차꼬에 묶여 있어야 할까요? 낑낑 힘을 쓰고 있는 당신의 귀에 부드러운 털이 닿았어요. 그리고 뭔가 긁는 소리가 들리더니 철컥 하는 소리가 났지요. 당신은 혹시나 하는 마음으로 목과 손목을 들어 차꼬를 열어 봤어요. 조금 전까지 그렇게 힘을 써도 빠져나올 수 없었던 차꼬에서 빠져나왔어요! 누군가 당신을 풀어 주었군요. 누구였을까요?

소수는 1과 자기 자신으로만 나눌 수 있는 수예요. 그러나 9는 3으로 나눌 수 있어요. 따라서 9는 소수가 아니에요.

 32쪽으로 가세요.

 당신은 활에 화살을 메기고 용을 겨냥했어요. 용은 화살을 보자마자 얼른 동굴 속으로 달아났어요. 화살을 잘 골랐군요! 두 개 이상의 자연수의 공통인 배수를 공배수라고 하는데, 이 공배수 중 가장 작은 수를 최소 공배수라고 해요. 당신은 용을 따라 용의 동굴로 들어갔어요.

🧅 57쪽으로 가세요.

당신은 쪽지에 적힌 지시대로 점토판을 작은 수부터 차례대로 놓았어요. 네 번째로 놓은 숫자가 없는 점토판의 사라진 숫자도 알아내야 하지요.

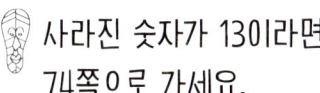 사라진 숫자가 13이라면 74쪽으로 가세요.

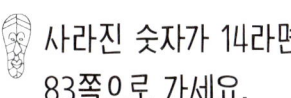 사라진 숫자가 14라면 83쪽으로 가세요.

당신은 뿔피리를 6번 불고 기다렸어요. 처음에는 아무 일도 일어나지 않았지요. 그러나 조금 후 커다란 파도가 밀려오더니 배가 걷잡을 수 없이 흔들렸어요. 번쩍번쩍 어지럽게 섬광이 비추고, 온몸을 뒤흔드는 시끄러운 우레 소리와 함께 천둥이 쳤어요. 엄청난 폭풍이에요. 당신은 이대로는 배와 함께 가라앉겠다 싶어 목숨을 부지하려고 출렁이는 바다로 뛰어들었지요. 그러자마자 파도가 배를 덮쳤어요. 만약 당신이 배에 그대로 있었다면, 거친 파도에 떠밀려 어떻게 되었을지 몰라요.

뿔피리를 분 횟수가 틀렸어요. 제곱은 같은 수나 식을 두 번 곱하는 거예요. 수를 제곱하기 위해서는 그 수에 자기 자신을 한 번 더 곱해야 하지요. 따라서 3×3을 해야 해요.

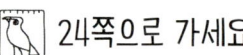 24쪽으로 가세요.

 당신은 늑대 이빨의 수를 잘못 세어 두드렸군요!

늑대 조각이 살아 움직이더니 당신을 향해 송곳니를 드러냈어요. 당신을 물어뜯으려고 해요! 그때였어요. 무언가 돛대에서 뛰어올라 당신을 갑판으로 밀어 쓰러뜨렸어요. 덕분에 달려드는 늑대에게 물리지 않았지요.

인수는 곱셈의 결과인 곱을 만들어 내는 수를 뜻해요. 즉 어떤 수의 인수로 그 수를 나누면 나누어떨어지지요. 10은 20의 인수이지만, 12는 인수가 아니에요.

 108쪽으로 가세요.

사무실 안으로 들어가니 세 개의 커다란 화면이 있었어요. 첫 번째 화면에서는 두꺼운 강철 보안 문이 열려 있는 게 보였지요. 두 번째 화면에서는 도둑들이 거대한 금고에 구멍을 뚫고 있는 모습이 나와요. 구멍은 거의 뚫렸어요. 조금 후면 금고 안으로 들어갈 수 있을 것 같아요. 세 번째 화면은 금고 안을 비추고 있어요. 아직까지는 보물이 원래 자리에 가지런히 놓여 있어요. 다행이군요!

화면 밑에 경보 장치가 있어요. 도둑 중 누군가 경보 장치를 꺼 둔 게 틀림없어요. 그렇다면 그들 중 한 명 혹은 그들 모두 미스터리 박물관을 잘 알거나 미스터리 박물관에 근무하는 사람일지도 모르겠네요. 아니면 보물을 훔치기 전까지 위장하고 있었을지도 모르고요.

사무실 책상에는 세 가지 색깔의 단추가 있어요. 빨간색, 검정색, 파란색이에요. 단추가 붙어 있는 기계 장치에는 '박물관 보안 장치'라고 쓰여 있군요. 그 밑으로 한 줄씩 다음과 같은 내용이 적혀 있어요. 보안 문 조정, 전시관 전원, 박물관 경보 장치. 어떤 단추가 어떤 기능을 하는 것일까요?

당신은 올바른 순서대로 버튼을 눌러야 해요. 만약 당신이 경보부터 울리면 도둑들은 들킨 걸 알고 재빨리 금고를 마저 뚫은 다음 보물을 훔쳐 달아날 거예요. 전시관 전원을 먼저 꺼 버리면, 도둑들은 역시 들킨 걸 알고 그대로 달아나 버릴 테지요. 그러니까 먼저 보안 문을 닫아서 도둑들이 도망치지 못하게 가두고, 전시관 전원을 끄면 금고를 뚫고 있는 드릴을 더 이상 쓰지 못할 거예요. 그러면 도둑들은 이제 독 안에 갇힌 쥐 신세가 되는 셈이지요. 곧바로 경찰을 부르는 경보를 울리면 당신은 무사히 보물을 지키고 도둑을 잡을 수 있어요. 하지만 그렇게 하려면 어떤 단추부터 눌러야 할까요?

묻는 표정으로 당신이 피타골푸스를 바라보자 고양이 피타골푸스가 대답이라도 하듯이 '야옹' 소리를 내며 당신이 메고 있는 가방을 발로 긁어 댔어요. 그 모습을 본 당신은 번쩍하고 당신이 모은 물건이 떠올랐지요! 그게 바로 단서가 될 거예요.

 93쪽으로 가세요.

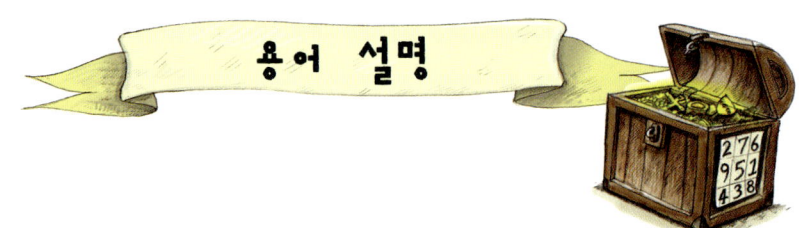

용어 설명

2배

어떤 수를 2배하려면, 그 수에 2를 곱한다. 이것은 그 수에 자기 자신을 더하는 것과 같다. 예를 들면 다음과 같다.

$$8의\ 2배 = 8 \times 2 = 16$$
$$8의\ 2배 = 8 + 8 = 16$$

수 하나를 선택하여 2배한 다음, 그것을 되풀이하여 2배하면 아래와 같다.

$$3의\ 2배 = 6,\ 6의\ 2배 = 12,\ 12의\ 2배 = 24,\ 24의\ 2배 = 48\cdots\cdots.$$

로마 숫자

고대 로마에서는 우리가 쓰는 십진수를 쓰지 않았다. 다른 수 체계를 가지고 있었는데, 아래 표는 1부터 1000까지의 로마 숫자 중 일부를 나타낸다.

십진수	로마 숫자	십진수	로마 숫자
1	I	30	XXX
2	II	40	XL
3	III	50	L
4	IV	60	LX

5	V	70	LXX
6	VI	80	LXXX
7	VII	90	XC
8	VIII	100	C
9	IX	500	D
10	X	900	CM
20	XX	1000	M

마방진

마방진은 수가 쓰여 있는 열과 행으로 되어 있다. 어느 열, 어느 행, 어느 대각선에 있는 수를 더해도 그 합은 항상 같다. 오른쪽 마방진의 마법의 수는 30이다.

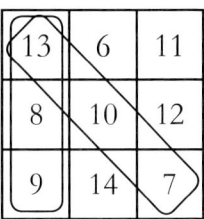

반

어떤 수를 반으로 나눌 때에는 그 수를 2로 나눈다. 10의 반은 5이다. 짝수의 반은 자연수이다. 홀수를 반으로 나누면 분수 부분이 생긴다.

짝수를 반으로 나누는 연습을 해 보자. 그것을 다시 2배해서 답이 맞는지 확인한다. 그 수는 처음의 수와 같다. 122의 반은 61이고, 61의 2배는 122이다.

반올림

23은 반올림하여 십의 자리까지 나타내면 20이다. 4823은 반올림하여 십의 자리까지 나타내면 4820, 반올림하여 백의 자리까지 나타내면 4800, 반올림하여 천의 자리까지 나타내면 5000이다.

반올림하는 방법은 0으로 만들고 싶은 부분이 5 또는 5보다 큰 수로 시작하면, 그 앞의 숫자에 1을 더하여 올려 준다. 0으로 만들고 싶은 부분이 5보다 작은 수로 시작하면 그 앞의 숫자는 변하지 않는다.

6321 → 반올림하여 백의 자리까지 나타내면 6300
↑
5보다 작음

6371 → 반올림하여 백의 자리까지 나타내면 6400
↑
5보다 큼

배수

4 곱하기 3은 12이다. 12는 3과 4의 배수이다. 모든 4의 배수는 구구단의 4단에서 볼 수 있다.(4, 8, 12, 16, 20 등) 모든 3의 배수는 구구단 3단에서 볼 수 있다.(3, 6, 9, 12 등)

백분율

백분율은 전체의 일부를 나타내는 또 다른 방법이다. 1퍼센트는 $\frac{1}{100}$이다. 퍼센트를 나타내는 기호는 %이다. 100퍼센트(100%)는 전체를 나타낸다. 50퍼센트(50%)는 $\frac{50}{100}$이고, 이것은 $\frac{1}{2}$, 즉 반과 같다. 10퍼센트(10%)는 $\frac{10}{100}$이고, 이것은 $\frac{1}{10}$과 같다. 어떤 것을 부분으로 나누었을 때, 각 부분의 백분율을 모두 합하면 100%(전체)가 되어야 한다.

분수

분수는 1보다 작은 부분을 나타낼 때 쓰인다. $\frac{1}{2}$은 분수이다. 피자의 반은 피자 한 판보다 더 작다.

분수 $\frac{3}{10}$은 전체를 10등분한 것 중에서 3 만큼인 부분을 뜻한다. $\frac{3}{10}$과 같은 방법으로 쓴 수를 '분수'라고 부른다. 분수는 소수 0.3으로 나타낼 수도 있다.

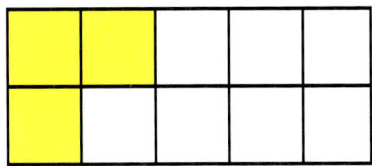

$\frac{3}{10}$ 이 노란색 부분이에요.

삼각형

삼각형은 세 개의 변으로 이루어진 평면 도형이다.

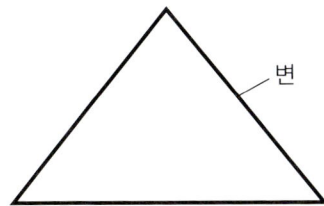

소수

소수는 1을 제외한, 1과 자기 자신으로만 나누어지는 수이다. 소수의 인수는 1과 자기 자신뿐이다. 소수를 앞에서부터 10개 써 보면, 2, 3, 5, 7, 11, 13, 17, 19, 23, 29이다. 1은 소수가 아니다.

수열

수열은 규칙에 따라 수를 늘어놓은 것이다. 규칙에는 '다음 수를 구하기 위해 3을 더하십시오.' 또는 '−5'와 같은 것이 있다.

수열	규칙
5 8 11 14 17 20 23…	+3
50 45 40 35 30 25 20…	−5
2 4 8 16 32 64 128…	×2

수직선

수직선은 수를 일정한 간격으로 순서대로 늘어놓은 것이다. 수직선은 어떤 수를 다른 수와 비교할 때 쓰기 좋다. 아래 수직선을 보고, 우리는 50이 0과 100의 중간에 있고, 50은 100의 반이라는 것을 알 수 있다. 수직선은 계산을 할 때에도 활용할 수 있다.

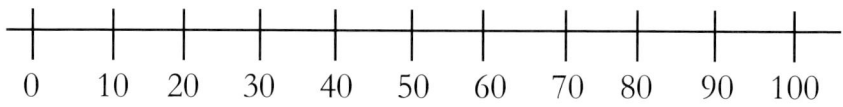

숫자

숫자는 0, 1, 2, 3, 4, 5, 6, 7, 8, 9와 같은 것을 말한다. 1953은 네 개의 숫자 1, 9, 5, 3으로 되어 있다.

십진법

십진법은 '10개씩 묶음으로 만들어진 것'을 뜻한다. 십진수 12.5는 십의 자리의 숫자가 1, 일의 자리의 숫자가 2, $\frac{1}{10}$의 자리의 숫자가 5인 수이다.

소수점 뒤에 있는 숫자는 자연수가 아니라 분수이다. 소수 0.6은 '십분의 육' 또는 $\frac{6}{10}$과 같다.

오각형

오각형은 다섯 개의 변으로 이루어진 평면 도형이다.

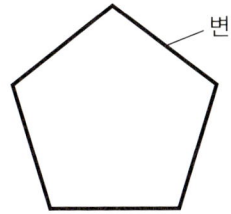

육각형

육각형은 여섯 개의 변으로 이루어진 평면 도형이다.

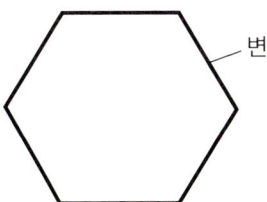

인수

어떤 수를 나누었을 때 나누어떨어지는 수를 어떤 수의 '인수'라고 한다. 예를 들어 12를 3으로 나누면 4가 되고, 나머지는 없다. 우리는 이럴 때, 3을 12의 인수라고 한다.

자릿값

수를 구성하는 숫자의 크기는 자리에 따라 달라진다. 385.2에서 숫자 3은 백의 자리의 숫자, 8은 십의 자리의 숫자, 5는 일의 자리의 숫자, 2는 십분의 일의 자리의 숫자이다. 왼쪽에 있는 숫자의 자릿값이 더 크고, 오른쪽에 있는 숫자의 자릿값이 더 작다.

정사각형

정사각형은 네 변의 길이가 모두 같고, 네 각이 모두 직각인 평면 도형이다.

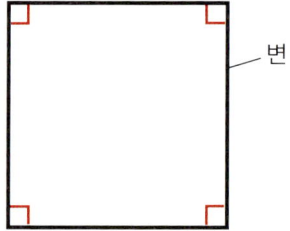

제곱수

제곱수는 정사각형을 이루는 점의 배열로 나타낼 수 있다.

각각의 자연수에 그 자신을 곱하면, 모든 제곱수를 만들 수 있다. 제곱은 ^{2}로 나타낸다.

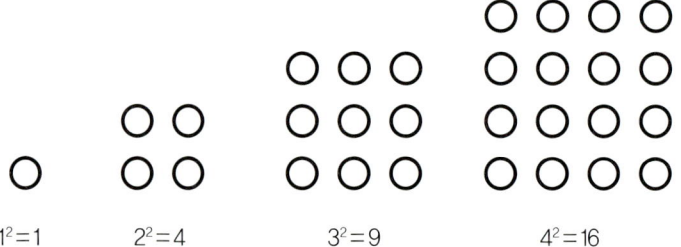

$1^2 = 1$ $2^2 = 4$ $3^2 = 9$ $4^2 = 16$

짝수

짝수는 2로 나누었을 때 나머지가 없는 수이다. 짝수는 2의 배수이다.

2, 4, 6, 8, 10······은 짝수

1, 3, 5, 7, 9, 11······은 홀수

홀수

홀수는 1, 3, 5, 7, 9 등이다. 홀수를 2로 나누면 항상 나머지가 1이다.

수학 두뇌 계발 게임 MATHS QUEST
미스터리 박물관 사건

초판 1쇄 인쇄 2014년 2월 14일
개정판 1쇄 발행 2019년 3월 18일
개정판 11쇄 발행 2023년 5월 20일

글 데이비드 글러버   그림 팀 허친슨   옮김 어린이를 위한 수학교육연구회
발행인 양원석   발행처 (주)알에이치코리아(등록 2004년 1월 15일 제2-3726호)
주소 서울시 금천구 가산디지털2로 53, 20층(한라시그마밸리)
편집 문의 02-6443-8921   도서 문의 02-6443-8800   홈페이지 rhk.co.kr
블로그 blog.naver.com/randomhouse1   포스트 post.naver.com/junior_rhk
인스타그램 @junior_rhk   페이스북 facebook.com/rhk.co.kr

ISBN 978-89-255-6591-0 (74410)
ISBN 978-89-255-6594-1 (세트)

※ 제조자명 (주)알에이치코리아 | 제조국명 대한민국 | 사용연령 8세 이상
※ 종이에 손이 베이거나 모서리에 다치지 않게 주의하세요.
※ 잘못 만들어진 책은 구입하신 곳에서 바꾸어 드립니다.